# Décoloniser la pensée africaine de l'économie

*Trajectoires épistémologiques,*
*itinéraires théoriques et pratiques*

Richard MAKON

# Décoloniser la pensée africaine de l'économie

*Trajectoires épistémologiques, itinéraires théoriques et pratiques*

L'Harmattan
Cameroun

Du même auteur

*Oasis blanc, désert noir. Voyage au cœur du mirage sud-africain,* Roman, L'Harmattan, Paris, juin 2020.

*Le leadership en Afrique. Essai de la philosophie publique sur le développement*, L'Harmattan, Paris, juillet 2018.

*Le Cameroun à la croisée des chemins vers le développement. Les trois défis de l'émergence*, L'Harmattan, Paris, janvier 2017.


**5-7, rue de l'Ecole-Polytechnique, 75005 Paris**

http://www.editions-harmattan.fr

ISBN : 978-2-343-22847-1
EAN : 9782343228471

# AVERTISSEMENT

Cet ouvrage tire sa source d'une communication intitulée *« S'affranchir de l'épistémè occidentale ou comment décoloniser la pensée africaine de l'économie »*, présentée au Panel ''Décoloniser l'économie ? Décoloniser la pensée ?'', constitué lors des 5es Rencontres Scientifiques des Études Africaines en France (REAF) tenues du 09 – 12 juillet 2018 en France à Marseille, Saint Charles d'Aix Marseille Université, sous le thème « Afriques enchantées, Afriques en chantiers ».

Tout en étant fidèle dans le fond, notre propos d'alors a connu, à la faveur du présent texte, un approfondissement certain et une conséquente évolution formelle. Pour des besoins de clarification de notre pensée et de notre démarche, il convient de préciser que le présent texte trace davantage des trajectoires épistémologiques, en même temps qu'il marque les itinéraires théoriques et pratiques d'une ambition de décolonisation de la pensée africaine de l'économie.

# REMERCIEMENTS

Nous rendons grâce à Dieu Tout Puissant, raison suprême et ultime de toute chose, pour avoir permis et favorisé cet heureux accomplissement.

Nous exprimons nos sincères remerciements au Pr Michèle LECLERC-OLIVE, Chargée de recherche honoraire au Centre National de la Recherche Scientifique (CNRS) et à l'École des Hautes Études en Sciences Sociales (EHESS), Membre émérite de l'Institut de recherche interdisciplinaire sur les enjeux sociaux (IRIS), et Présidente du Panel **"Décoloniser** l'économie ? Décoloniser la pensée ?", des 5es Rencontres Scientifiques des Études Africaines en France (REAF), organisées au campus Saint Charles de l'Université d'Aix Marseille du 09 – 12 juillet 2018 en France, sous le thème « Afriques enchantées, Afriques en chantiers », pour nous avoir donné l'occasion de présenter la version initiale de cette réflexion, et pour nos échanges fructueux et enrichissants dans les séminaires de l'EHESS à Paris.

Ces remerciements vont aussi au Professeur KAKO NUBUKPO, Chercheur à l'EHESS et Doyen de la Faculté des Sciences Économiques et de Gestion (FASEG) de l'Université de Lomé au Togo, avec qui nous avons eu des échanges féconds et inspirants dans le cadre des séminaires de l'EHESS, puis lors des 5es REAF.

Ces remerciements s'adressent bien évidemment d'une part à l'Institut pour la Gouvernance en Afrique Centrale (IGAG), pour son appui inestimable, d'autre part à nos compagnons sur la route de la recherche pour leur accompagnement multiforme, les Docteurs Rose NDENGUE, Yves-Patrick MBANGUE NKOMBA, Emmanuel Noé NYECK, à Mesdames NGUM Brenda MASANGA, Hadja Ahmed KOULTCHOUMI et Monsieur Gabriel AWANDA.

Cet ouvrage doit tant à notre éditeur, à toute la famille L'Harmattan, et singulièrement au Dr Jacques KOUKAM, et Madame Huguette MOUALIEU qui relie tous nos textes depuis trois (03) ans maintenant, aussi à notre famille charnelle et spirituelle, à nos amis, à nos collègues, à nos étudiants, à la jeunesse camerounaise et africaine.

Qu'ils trouvent tous ici la marque certaine et l'expression sincère de notre profonde gratitude.

# SOMMAIRE

# AVANT-PROPOS

Le titre *Décoloniser la pensée africaine de l'économie* indique clairement l'ambition du présent ouvrage. Toutefois, quelques précisions d'usage s'imposent avant de procéder, dans une introduction sommaire, à la précision du sens de chacun des signes contenus dans cet énoncé, autant qu'il puisse d'ailleurs être possible de le faire, compte tenu, d'une part des fragilités de nos aperceptions, fragilités consécutives à la fois à l'éloignement de notre territoire originel d'extraction épistémique – les sciences juridiques –, et de l'incomplétude ontologique de la pensée[1], de toute pensée, d'autre part du tumulte cacophonique ambiant produit par l'ensemble des débats, querelles politiques et intellectuelles et controverses doctrinales sur ces signes – objets, fuyants par essence : la décolonisation, la pensée africaine, l'économie.

La première précision est relative à la fidélité de ce propos à notre trajectoire idéelle et notre démarche intellectuelle. Sans aucun doute le présent propos, d'un côté complète partiellement notre texte sur *Le leadership en Afrique. Essai de philosophie publique sur le développement*[2], qui a clairement indexé, entre autres apports, « la violence du frère

---

[1] MORIN (Edgar), *Introduction à la pensée complexe*, Points, Collection Points Essais, Éditions du Seuil, avril 2005, p. 11.
[2] MAKON (Richard), *Le leadership en Afrique. Essai de philosophie publique sur le développement*, L'Harmattan, 2018.

à l'égard du frère »[3], en minorant à souhait et à dessein « la lutte entre père et fils – c'est-à-dire du rapport colonisateur et colonisé »[4], pendant que de l'autre côté, il constitue un écho lointain, mais audible, de notre essai intitulé *Le Cameroun à la croisée des chemins vers le développement. Les trois défis de l'émergence*[5]. Prolégomènes à la faveur desquels nous évoquions, pour la première fois, les problématiques de l'identité, de la « dualité colonisation/ décolonisation »[6], de la démocratie en Afrique et surtout de l'impact, sur le niveau actuel de développement de l'Afrique, de ses conditions d'« indépendance ». Comme ces deux (02) premiers essais, pères féconds, s'ils en furent, celui-ci exorcisé, de l'esprit du « fils prodigue » arpente à sa manière, au-delà de la problématique du « développement », celle de l'émancipation de l'Afrique et de sa mobilisation pour se bâtir un projet de civilisation. Si la problématique du développement constitue, pour ces trois (03) essais, le fil conducteur (insistant sur la centralité du leadership et des dimensions endogènes, socioculturelles et anthropologiques du développement[7]), celle de l'émancipation de l'Afrique et du nécessaire projet de civilisation s'impose nécessairement comme leur trame de fond commune.

La deuxième précision vise à afficher l'ambition stricte du présent propos, toute humilité assumée et tout

---

[3] MBEMBE (Achille), *De la postcolonie. Essai sur l'imagination politique dans l'Afrique contemporaine*, seconde édition, Karthala, 2000, p. XI.

[4] *Idem.*

[5] MAKON (Richard), *Le Cameroun à la croisée des chemins vers le développement. Les trois défis de l'émergence*, L'Harmattan, Yaoundé, 2017.

[6] MBEMBE (Achille), *Sortir de la grande nuit. Essai sur l'Afrique décolonisée*, La Découverte/Poche, édition de 2013, p. 11.

[7] Alioune SALL, « Présentation d'une réflexion collective », *in Afrique 2025. Quels futurs possibles pour l'Afrique au sud du Sahara ?*, Futurs africains, Karthala, 2003, p. 17.

narcissisme honni, qui se veut une contribution à l'amplification, en Afrique, d'« une pensée de l'altérité, voire de la singularité plurielle »[8], et qui fait l'éloge de la multiplicité féconde, soulignant à grands traits la diversité des aperceptions, des valeurs, des ambitions, par-delà la profonde unité du genre humain.

La troisième précision, prolongement oscillant de la précédente, se rapporte à la situation éventuelle de notre analytique dans la floraison des métadiscours et des courants idéologiques et théoriques qui traitent des processus de décolonisation en général, ceux de l'Afrique en particulier. Notre propos fustigeant l'afro-pessimisme sans focaliser le verbe dans ce « discours malveillant et irrationnel »[9], ce « discours d'une certaine forme de folie (...) [qui] brille par la sottise »[10] n'est cependant ni un « africanisme » ni un « afro-radicalisme »[11]. De l'avis d'Achille MBEMBE, l'africanisme, totalement sclérosé, a été « touché presque mortellement par son incapacité à penser philosophiquement, et de façon transversale (comparative) »[12]. Quant à l'afro-radicalisme dont les variantes les plus prolifiques sont le marxisme, le nationalisme, le panafricanisme, le nativisme, l'égyptomanie, MBEMBE considère que, comme d'ailleurs l'afrocentrisme, cet afro-radicalisme, pensée de rejet, serait né de la rencontre originelle brutale entre l'Afrique et l'Occident, vécue comme un viol ici où *« le moi (l'Afrique) n'apparaît jamais que sous la figure d'un objet anal concédé à la violence du père (l'Occident) »*[13].

---

[8] MBEMBE (Achille), *De la postcolonie,* op. cit., p. XI.
[9] *Ibid.*, p. IX.
[10] *Idem.*
[11] *Idem.*
[12] *Idem.*
[13] *Ibid.*, pp. IX-X.

En nous éloignant clairement de ces formes de discours sur l'Afrique davantage idéologiques que théoriques qui empruntent volontiers au fétichisme des origines des races et au messianisme bon marché qui situent souvent les lieux de confrontation idéels dans des extrémités brouillant la lucidité et bridant l'objectivité, notre propos reconnaissant les influences réciproques dans un monde commun et dans une commune humanité puise dans l'idée d'un désir et d'un besoin de différence. Ce propos défend l'idée d'un droit de l'Afrique à la singularité, et envisage les particularismes anthropologiques, sociologiques, historiques, politiques, économiques, philosophiques, culturels et identitaires, à la suite de Souleymane Bachir DIAGNE, « comme une multiplication des différents visages de l'aventure humaine »[14]. En prenant en compte les effets, sur l'errance actuelle du continent, tant du « meurtre du père » que de la « violence du frère à l'égard du frère », cette réflexion prolonge le questionnement suivant : *« comment fonder une relation avec les autres basée sur la reconnaissance réciproque de nos communes vulnérabilité et finitude »*[15].

Nous avons la faiblesse de penser, à la suite de Frantz FANON, que le « long chemin de cure [commence] par et dans le langage et la perception, par la connaissance de cette réalité fondamentale selon laquelle devenir homme dans le monde [c'est] accepter d'être exposé à autrui »[16], être avec autrui, vivre avec autrui, tout en étant soi, tout en restant soi. Pour ce faire, il est impérieux, avant toute autre

---

[14] DIAGNE (Souleymane Bachir) & ELARA BERTHO, « Un universel comme horizon. Entretien. Esquisses | Les Afriques dans le monde », 2019, in https://elam.hypotheses.org/2140, p. 02.

[15] MBEMBE (Achille), *Politiques de l'inimitié*, La Découverte/Poche, édition de 2018, p. 10.

[16] *Ibid.,* p. 13. L'auteur analyse ici l'œuvre de Frantz FANON qui, avoue-t-il, a inspiré son texte. Voire p. 11, deuxième paragraphe.

ambition, de « décoloniser l'esprit »[17] africain. Évidemment, cette cure se poursuit, estime FANON, par « un colossal travail sur soi, par de nouvelles expériences du corps, du mouvement de l'être-ensemble (voire de la communion) comme ce fond commun que l'homme a de plus vivant et de plus vulnérable et, éventuellement, par l'exercice de la violence (…) dirigée contre le système colonial »[18].

Aussi notre pensée, véhiculée par le présent propos, s'assume-t-elle comme une pensée de « la singularité plurielle »[19] accoucheuse des esprits de vie. Elle se positionne d'une part comme une pensée de contestation de « l'universalisme abstrait »[20] imposé par l'Occident, un « universalisme de surplomb »[21], et d'autre part comme une pensée de promotion *a contrario* de l'idée d'« universel, mais un universel de la rencontre (…), d'un universel horizontal »[22], en d'autres termes un « universel latéral »[23], sans aucune ambition de dictature ni de verticalité comme

---

[17] NGUGI WA THIONG'O, *Decolonising the Mind: The Politics of Language in African Literature, Studies in African Literature*, Oxford, James Currey, 1986.

[18] MBEMBE (Achille), *Politiques de l'inimitié*, op. cit., p. 13.

[19] MBEMBE (Achille), *De la postcolonie,* op. cit., p. XI.

[20] DIAGNE (Souleymane Bachir) & ELARA BERTHO, « Un universel comme horizon. Entretien. Esquisses | Les Afriques dans le monde », op. cit., p.02

[21] DIAGNE (Souleymane Bachir), AMSELLE (Jean-Loup), *En quête d'Afrique(s). Universalisme et pensée décoloniale*, Paris, Éditions Albin Michel, collection « Itinéraires du savoir », 2018. Voire la distinction reprise à Maurice MERLEAU-PONTY par les auteurs, entre « universalisme de surplomb » producteur de catégories structurales (cf. aussi nature versus culture) et « universalisme latéral » tissé de particularismes, dans l'ouvrage MERLEAU-PONTY (Maurice), « De Mauss à Claude Lévi-Strauss », Signes, Paris, Gallimard, 1960.

[22] *Idem.*

[23] *Idem.*

espérée par Souleymane Bachir DIAGNE et Jean-Loup AMSELLE, à la suite de Maurice MERLEAU-PONTY.

La fonction de la langue et de la pensée de libération n'est-elle pas de « ramener à la vie ce qui avait été abandonné aux puissances de la mort » ?[24] La fonction de la pensée *« décoloniale »* n'est-elle pas de « rouvrir l'accès aux gisements du futur, à commencer par le futur de ceux-là dont, il n'y a pas si longtemps, il était difficile de dire quelle était la part de l'humain et quelle était celle de l'animal, de l'objet, de la chose ou de la marchandise » ?[25]

---

[24] MBEMBE (Achille), *De la postcolonie,* op. cit., p. 16.
[25] *Ibid.*, pp. 16-17.

# INTRODUCTION

*« Sur le plan économique, l'Afrique (...) est restée la chasse gardée du capital colonial »*[26].

Le « Mal africain »[27] progresse, et l'absence d'indépendance réelle du continent en est « la cause des causes »[28]. Aussi, sans véritable indépendance, point de salut pour l'Afrique ! Proposer dès lors en débat la question de la *« décolonisation »* de la pensée africaine de l'économie, « dans un contexte où l'Afrique doit faire face à son futur et organiser de nouvelles luttes sociales face à la poussée néolibérale, à la mondialisation de la violence et des inégalités, et à une jeunesse avide de changement »[29], tel est le pari de la présente réflexion.

Il convient de relever que plus de cinq (05) décennies après les vagues successives d'indépendance que le continent africain a connues, l'un des paradoxes les plus éloquents, traduisant la crise multiforme qu'il traverse aujourd'hui, est la poursuite, ou la relance des processus internes de décolonisation. Lesdits processus s'observent moins dans le cadre des politiques publiques menées par les États africains, dans leurs régimes juridiques, dans leurs gouvernances, dans leurs outils et instruments de mise en œuvre des projets nationaux. Dans le domaine de la pensée par contre, le développement d'une abondante littérature et l'affinement conceptuel du phénomène qui en découlent imposent la décolonisation à la fois comme processus

---

[26] Note de l'éditeur, *in* MONGO BETI, *Main basse sur le Cameroun. Autopsie d'une décolonisation*, La Découverte/Poche, édition de 2010, p. 15.
[27] MISKÉ (Ahmed-Baba), *La décolonisation de l'Afrique revisitée. La responsabilité de l'Europe*, Karthala, 2014, p. 17.
[28] *Ibid.*, p. 18.
[29] KAVWAHIREHI (Kasereka), *Y'en a marre ! Philosophie & espoir social en Afrique*, Karthala, Paris, 2018, p. 11.

inabouti, réalité vivante et projet intellectuel, philosophique, idéologique, politique et social pertinent.

Prolonger le débat sur la décolonisation du continent, même à partir d'une perspective restrictive, reste d'autant plus pertinent que le constat est désormais fait, d'une « reconduction à l'échelle planétaire de la relation d'inimitié et de ses multiples reconfigurations dans les conditions contemporaines »[30]. À l'observation, le renouvellement multiforme des luttes de conquête et l'enracinement durable de la dualité domination/ résistance[31] ont fini d'imposer « la guerre » comme une donnée fondamentale de ces temps et de ce siècle[32]. Quitter résolument ces abysses de l'inhumanité impose de sortir définitivement de ce nouveau *nomos* de la terre[33] que la colonisation avait inauguré[34] dont « la principale caractéristique était de consacrer la guerre et la race comme les deux sacrements privilégiés de l'histoire »[35]. Dans une certaine perspective, « la sacramentalisation de la guerre et de la race dans les hauts fourneaux du colonialisme en fit à la fois l'antidote et le poison de la modernité, son double *pharmakon* »[36], précédant ou inaugurant pour ainsi dire l'âge du « brutalisme »[37], cette époque pré-apocalyptique « saisie par le pathos de la démolition et de la production, sur une échelle planétaire, de réserves d'obscurité »[38].

---

[30] MBEMBE (Achille), *Politiques de l'inimitié,* op. cit., p. 08.
[31] MAKON (Richard), *Le Cameroun à la croisée des chemins vers le développement. Les trois défis de l'émergence*, op. cit., pp. 39-42.
[32] *Idem.*
[33] SCHMITT (Carl), *Le nomos de la terre*, Présenté par Peter HAGGENMACHER, Quadrige, Puf, 2012.
[34] MBEMBE (Achille), *Politiques de l'inimitié,* op. cit., p. 14.
[35] *Idem.*
[36] *Idem.*
[37] MBEMBE (Achille), *Brutalisme*, La Découverte, édition de 2020.
[38] *Ibid.*, p. 13.

Il semble d'ailleurs important de relever, dans une autre perspective, que « le partage de l'Afrique entre les grandes puissances, inauguré avec la conférence de Berlin de 1885, est toujours à l'ordre du jour. C'est à qui va emporter le plus gros morceau. Le dépeçage n'a jamais cessé »[39]. Bien au contraire, dans un contexte affiché de *« planétarisation de la démocratie »*, il a repris virulemment avec la course à l'accaparement des terres arables, au contrôle des marchés, des ressources et richesses naturelles telles le pétrole, le gaz, le diamant, l'uranium et « autres matières nécessaires à la consommation démentielle d'une civilisation devenue folle »[40].

Le monde est donc en permanence en situation de « guerre », contre lui-même, et la grammaire de la conflictualité, mortel élixir, semble avoir allègrement pris en otage l'espace public mondial. Il faut dire que la guerre ne s'est pas seulement installée comme fin et comme nécessité dans la « démocratie », fiction contemporaine, mais aussi dans le politique et la culture, devenant ainsi « remède et poison – notre *pharmakon* »[41]. Dans cette logique d'agressivité et de violence, la transformation de la guerre en *pharmakon* de notre époque a, en retour, libéré des passions funestes qui, petit à petit, poussent les sociétés, jusqu'à celles qualifiées de *« libérales »* et *« démocratiques »*, à sortir de la démocratie[42] et à se transformer en « sociétés de l'inimitié, comme ce fut le cas sous la colonisation »[43]. Inévitablement, « cette reconduction planétaire de la relation coloniale et ses multiples reconfigurations dans les conditions contemporaines n'épargnent guère les sociétés du Nord. La

---

[39] MONGO BETI, *Main basse sur le Cameroun. Autopsie d'une décolonisation*, op. cit., p. 13.
[40] *Idem.*
[41] MBEMBE (Achille), *Politiques de l'inimitié,* op. cit., p. 11.
[42] *Idem.*
[43] *Idem.*

guerre comme terreur et l'instauration d'un "état d'exception'' à l'échelle mondiale ne font que l'amplifier »[44].

Une observation minutieuse de l'Afrique de ce début de 21e siècle, prise au filet de cette conflictualité mutante depuis des temps immémoriaux, permet de mettre en lumière deux (02) constatations majeures. *La première* est la disparité, ou le visage contrasté, qu'elle présente dans sa trajectoire de réalisation et d'accomplissement, précisément en termes d'inégalité de développement, selon la conception et les classifications occidentales bien entendu. *La seconde* est le partage, par les pays africains, d'une dépendance totale de leurs *« modèles »* et dynamiques de développement, de leurs régimes, politiques et gouvernances économiques, conséquence de la colonisation de leur pensée par la pensée occidentale, les dépossédant ainsi de leur droit à l'autodétermination et de leur liberté de choix de l'avenir, et justifiant dès lors le regain des appels et initiatives pour la décolonisation véritable du continent. En effet, la décolonisation primitive, échec cuisant, n'aura été qu'un leurre, qu'une farce jouée sans habileté par des acteurs sans talent, et devra rester confinée dans l'histoire comme un épisode sinistre.

En réalité, la décolonisation devait avoir pour but de « clore la parenthèse d'un monde composé de deux catégories d'hommes : d'un côté, les sujets qui agissent, de l'autre, les objets sur lesquels on intervient »[45]. Et « au lieu d'agir comme un signe intensif qui force l'ex-colonisé à penser par et pour lui-même »[46], et au lieu d'être une césure du temps et de l'espace et le lieu d'une genèse renouvelée

---

[44] *Idem.*

[45] MBEMBE (Achille), *Sortir de la grande nuit. Essai sur l'Afrique décolonisée*, op. cit., p. 16.

[46] *Ibid.*, p. 12.

du sens[47], la décolonisation, surtout là où elle a été octroyée[48], a pris l'allure d'« une rencontre par effraction avec soi-même : non point le résultat d'un désir fondamental de liberté, quelque chose que le sujet se donne et qui devient la source nécessaire de la morale et de la politique, mais une extériorité, une greffe apparemment dénuée de toute puissance de métamorphose »[49].

Dans l'expectative d'une réalisation de sa propre destinée, l'impératif est avant tout celui de la décolonisation réelle et effective du continent, « la décolonisation en tant qu'expérience d'émergence et de soulèvement »[50]. Mais cette décolonisation est avant tout épistémique, une décolonisation de sa pensée dans l'expectation de la décolonisation d'*« un tout dont l'économie n'est qu'une partie »*, et la libération de ce levier essentiel de son projet de civilisation. La question qui se pose est donc fort simple : **Comment décoloniser la pensée africaine de l'économie ?**

Ce questionnement a son origine à la fois dans *un constat* et *une inquiétude* grandissante. S'agissant du constat, celui-ci est double. En premier lieu, il consiste en ce que « l'Afrique francophone n'a jamais été véritablement décolonisée »[51], et l'Afrique tout entière, c'est-à-dire, tout

---

[47] *Ibid.*, p. 16.

[48] *Idem.* Serge CORDELLIER reconnait lui aussi que la décolonisation peut justement être concédée ou arrachée au terme de conflit ou de guerre, comme ce fut le cas en Indochine française, Algérie, Cameroun, Inde, Bangladesh, Angola, Mozambique, Indonésie, etc. (types d'indépendance, concédées ou arrachées, pacifiques ou violentes), voire CORDELLIER (Serge), *Le Dictionnaire historique et géopolitique du 20e siècle*, 3e édition augmentée, La Découverte, Paris, 2005, p. 184.

[49] MBEMBE (Achille), op.cit., p16.

[50] *Ibid.*, p. 16.

[51] MONGO BETI, *Main basse sur le Cameroun. Autopsie d'une décolonisation*, op. cit., p. 13.

naturellement son économie. En second lieu, c'est le constat, d'une part, d'un silence face à la généralisation du discours eschatologique de rédemption de l'Afrique par l'économie désocialisée[52] et son mythe de la croissance sans fin, d'autre part, d'une forme d'abandon[53] par les intellectuels africains, du champ de la pensée économique critique refondatrice, celle-là qui intellige la dimension économique de notre projet de civilisation et légitime tant notre conception de la vie, notre organisation sociale et nos modes de production, de distribution, de commercialisation, de partage et de consommation.

L'inquiétude quant à elle est celle de la montée d'« une angoisse du futur face à l'inquiétante inaudibilité de la [pensée] africaine à un moment où la problématique de la refondation de l'ordre social et l'imagination d'un futur meilleur pour tous la requièrent à nouveaux frais et sont susceptibles de lui donner toute sa signification sociale et une nouvelle vitalité »[54].

De prime abord, décoloniser la pensée africaine passe évidemment par une réappropriation par l'Afrique de son droit de penser[55], de se penser et de penser l'autre ; de s'inventer, de se projeter et de s'affirmer. La décolonisation vitale de l'économie africaine ne peut évidemment se réduire à la revendication de la révision des dispositifs économiques, financiers, commerciaux et/ou industriels de l'économie mondiale, ni à la contestation de la structure des systèmes financier, économique et commercial qui les sécrètent. La décolonisation de l'économie africaine a pour

---

[52] KAVWAHIREHI (Kasereka), *op. cit., p11.*

[53] On aurait pu dire un déficit sans paraitre vraiment excessif.

[54] KAVWAHIREHI (Kasereka), *op. cit., p11*

[55] Jean-Emmanuel PONDI estime à ce titre qu'il est impératif pour *« l'Afrique de reprendre l'initiative et s'approprier le droit de penser »*, *in* PONDI (Jean-Emmanuel), (dir.), *Immigration et diaspora. Un regard africain*, Maisonneuve & Larosse/Afrédit, mai 2007, p. 12.

point de départ la décolonisation de la pensée africaine de l'économie et du progrès en tant que projet de civilisation, une pensée qu'il convient impérativement de sortir, entre autres, de l'économisme et de la camisole néolibérale.

Kasereka KAVWAHIREHI considère en effet qu'aujourd'hui malheureusement, l'économie, dans cette perspective néolibérale, se voit accorder la première place, « à l'inverse de l'ordre hérité d'ARISTOTE qui considérait la politique comme "la première science", laquelle doit utiliser les autres sciences, dont l'économie, pour atteindre sa fin, à savoir, le bien de l'homme »[56]. Pour lui, ce changement d'ordre a des conséquences graves, en l'occurrence le fait qu'au nom de prétendues « lois économiques »[57] des hommes et des femmes peuvent être soumis à la précarisation, et la politique « être réduite à la gestion de la précarité au point de la normaliser ou d'en faire un outil de gouvernement »[58]. Ce qui signifie, et c'est la conclusion qu'il en tire, que « c'est l'économie mécaniciste, étrangère à toute considération relative aux conditions fondamentales d'une vie sociale réussie, qui décide désormais en grande partie de ce que nous devons être, faire et ne pas faire, pour être sauvés. C'est elle qui détermine les vies qui comptent et celles qui ne comptent pas ou ne comptent plus – les vies périmées – et décrète qui a droit de cité et, donc, qui peut avoir part au commun »[59].

Le plus préoccupant est d'ailleurs le fait, surprenant à souhait, que l'« économie politique » n'ait pas réussi à

---

[56] KAVWAHIREHI (Kasereka), *op. cit., p11.*

[57] Dont le statut serait le même que celui des lois de la nature. Des lois économiques dont les défenseurs n'ont malheureusement jamais réussi à démontrer l'existence. Voir à ce sujet SAPIR (Jacques), *Les trous noirs de la science économique : Essai sur l'impossibilité de penser le temps et l'argent*, Seuil, Paris, 3 octobre 2003, pp. 28-29.

[58] KAVWAHIREHI (Kasereka), *op. cit.*, p. 12.

[59] *Idem.*

prendre suffisamment compte et en charge cette capitale dimension politique des réalités économiques. En réalité, l'économie politique, discipline traitant de l'application de la science économique à la conduite des ensembles sociopolitiques[60], avait pour légitime ambition de garantir, à la faveur de la fécondité retrouvée du lien entre l'économie et la politique, l'orientation tant des objectifs que des opérations économiques de la société vers le bien, la satisfaction et la réalisation de l'homme. Malheureusement, hier comme aujourd'hui avec la crise du libéralisme, l'économie politique peine à se hisser à la hauteur de cette noble ambition, malgré les appels lancinants des auteurs comme Gilbert ABRAHAM – FROIS ou Beat BÜRGENMEIER qui proposent de mettre à la fois l'économie politique et la politique économique au centre des préoccupations de l'analyse théorique[61]. Mais ce dernier parle de la seule et véritable théorie économique, et non celle malheureusement à la mode aujourd'hui, « qui s'appuie exclusivement sur le comportement rationnel des individus, alimente une idéologie du "moins État" qui, à cause de ses arguments simplistes, représente un véritable danger pour la cohésion interne de nos sociétés »[62]. Selon BÜRGENMEIER justement, pour tenir suffisamment compte des changements actuels du monde, « la théorie économique doit s'ouvrir à la recherche qui puise à d'autres sources. Sa réorientation vers la politique, au sens large du terme, est plus que jamais nécessaire »[63], dans la mesure où, incontestablement, « la politique ramène en effet la théorie

---

[60] BERNARD (Yves), COLLI (Jean-Claude), *Vocabulaire économique et financier, anglais, allemand et espagnol*, 7e édition, Paris, Édition du Seuil, avril 1998, p. 271.
[61] BÜRGENMEIER (Beat), *Plaidoyer pour une économie sociale*, Paris, Economica, Collection Economie Contemporaine, 1990, p. 03.
[62] *Ibid.*, p. 04.
[63] *Idem.*

économique à sa dimension sociale et la sort de l'impasse dans laquelle une vision trop abstraite l'a enfermée »[64].

Malheureusement pourtant, dans ce contexte de fortes agitations sociales et de crises multiformes, c'est « l'économie mécaniciste » qui s'épanouit avec aise et insolence. Malgré son incapacité à penser le temps et l'espace, et malgré « l'absence d'un enracinement dans des fondements anthropologiques »[65] des sociétés qu'elle intellige, l'économisme est devenu ou est en passe de devenir « "la science" par excellence du futur des sociétés africaines qui n'ont pas fini de tirer les leçons des crises politiques et sociales qui les ont déchirées durant les deux dernières décennies »[66].

Cette impérieuse décolonisation de la pensée africaine de l'économie emprunte la voie de la réfutation, ou du moins d'une ré-problématisation de ces concepts de l'épistémè occidentale qui consacre la victoire de l'*homo œconomicus* sur l'humain, le quantitatif sur le qualitatif, l'avoir sur l'être.

Le présent propos soutient l'idée selon laquelle le premier lieu de confrontation dans lequel l'Afrique se retrouve projetée est celui de l'épistémè. Elle ambitionne de démontrer que la contradiction radicale entre les concepts et les modèles de développement importés et la façon africaine de penser et de se représenter justifie, pour une grande part, l'errance actuelle du continent. Son essor économique dépend dès lors, dans un premier temps, de sa capacité à s'émanciper, dans un second temps, de sa détermination à donner de l'amplitude à son épistémè à lui, en se dotant d'un modèle économique qui lui soit propre.

---

64 *Idem.*
65 KAVWAHIREHI (Kasereka), *op. cit., p12.*
66 *Idem.*

En réponse donc à la question centrale de la présente réflexion, nous dirons que pour décoloniser la pensée africaine de l'économie, l'Afrique doit emprunter une double démarche : dans un premier temps, la dissidence d'avec le modèle occidental dominant **(Première Partie)**, dans un second temps, l'invention d'un modèle économique propre **(Seconde Partie)**. Mais avant d'exposer les articulations de cette démarche, il nous convient de poser les jalons de notre propos en précisant les termes et les enjeux de ce projet philosophique et politique **(Partie Préliminaire)**.

# PARTIE PRÉLIMINAIRE :

# S'AFFRANCHIR POUR DÉCOLONISER : TERMES ET ENJEUX D'UN PROJET PHILOSOPHIQUE ET POLITIQUE

*« (...) pour s'affranchir, il suffit de liquider quelques conditionnements culturels qui se survivent à eux-mêmes parfois longtemps après que les situations objectives de leurs fonctionnements ont disparu »,* **Odile TOBNER**[67].

Dans la conception de Frantz FANON, la décolonisation primitive devait consister en « la mise en mouvement d'un corps animé, capable de s'expliquer exhaustivement et dans un choc sans réserve avec tout ce qui, lui étant antérieur, l'empêchait d'advenir à son concept »[68]. Selon lui en effet, le Nègre, « masque de l'Afrique »[69], devait choisir son futur entre ces deux (02) choses, qui sont aussi deux (02) voies, et deux (02) futurs possibles[70] aussi : soit être une « entité fourre-tout, vaseuse et sans poids ni relief historique, au sujet de laquelle n'importe qui [peut] à peu près dire n'importe quoi sans que cela prête à aucune conséquence »[71], soit s'ériger en une « force propre en même temps que projet capable, de par ses propres réserves de vie, d'advenir à son concept et de s'écrire elle-même en ce nouvel âge planétaire »[72].

Évidemment, que seule la seconde voie peut lui être salutaire, et c'est le futur et l'horizon de possibilités qu'elle peut sécréter qu'il faut aujourd'hui travailler à faire advenir.

---

[67] TOBNER (Odile), « Les intellectuels français et l'Afrique. II- Dans le champ idéologique : Sartre », MONGO BETI (dir.), *Peuples Noirs – Peuples Africains*, Revue bimestrielle, éditions des Peuples Noirs, Paris, L'Harmattan, N° 14 mars – avril, 2e trimestre 1980, p. 15.

[68] MBEMBE (Achille), *Politiques de l'inimitié,* op. cit., p. 14.

[69] *Ibid.*, p. 16.

[70] *Afrique 2025. Quels futurs possibles pour l'Afrique au sud du Sahara ?*, Futurs africains, Karthala, 2003.

[71] MBEMBE (Achille), *Politiques de l'inimitié,* op. cit., p. 16.

[72] *Idem.*

Pour ce faire, l'Afrique doit préalablement reprendre l'initiative de son accomplissement et se réapproprier le droit de penser[73], de se penser en tant que projet inachevé, de penser l'autre et de penser le monde. Mais pour se penser, l'Afrique doit s'affranchir, c'est-à-dire se libérer. L'acte de se penser suppose donc des pré-conditions qui sont autant de préalables, dont le plus important[74] est la liberté, et des conditions[75] qui déterminent le résultat de cette pensée. L'enjeu actuel pour le continent est donc celui de l'affranchissement puis de la décolonisation. S'affranchir de l'épistémè, en l'occurrence occidentale, pour décoloniser sa pensée, tant l'acte de penser, les modes et les formes de pensée, que les productions de la pensée.

À l'analyse, cela suppose donc un mouvement en deux (02) temps. Dans un premier temps, il s'agit évidemment de *« s'affranchir »*. Cependant, s'affranchir peut renvoyer à bien de choses, au moins deux (02) singulièrement : c'est *premièrement* sortir du joug, des geôles, de l'embastillement, de la prison, de l'esclavage. C'est un processus de libération qui s'inscrit dans une perspective physique, pratique et matérielle. C'est une expérience sensible. *Deuxièmement*, c'est aussi sortir de l'obscurité, sortir, comme le dit FANON, de « la grande nuit »[76]. Sortir finalement « de la grande nuit d'avant la vie »[77], sortir souvent de l'obscurantisme. C'est sortir de la caverne, dans

---

[73] PONDI (Jean-Emmanuel), (dir.), *Immigration et diaspora. Un regard africain*, Maisonneuve & Larosse/Afrédit, mais 2007, p. 12.

[74] La capacité ou l'aptitude, autres pré-conditions de la pensée, étant supposément des attributs communs au genre humain.

[75] La liberté, dépasser les obstacles épistémologiques, dépasser les contraintes de l'environnement, être dans un relatif confort intellectuel, etc.

[76] FANON (Frantz), *Les Damnés de la terre*, La Découverte, Paris, 2003, p. 301.

[77] MBEMBE (Achille), *Sortir de la grande nuit. Essai sur l'Afrique décolonisée*, op. cit., p. 17.

une perspective platonicienne donc, pour atteindre l'horizon de lumière où se contemple l'univers dans toute sa complétude, mais aussi, où devient possible et féconde la découverte de l'être dans toute sa bigarrure, du moi dans toute sa complexité, dans un élan prométhéen. C'est une perspective métaphysique, idéelle, heuristique, immatérielle. C'est la perspective davantage retenue ici, l'affranchissement envisagé visant plus à vaincre l'embastillement des esprits que des corps.

Dans un second temps, il est question de *« décoloniser »*, pour se réapproprier soi-même, et se réapproprier le droit de penser, de se penser, de se designer, de se nommer. Le droit de nommer, de qualifier et de désigner l'autre. Le droit de s'imaginer, de s'inventer, de se projeter et de se réaliser. Cette entreprise est à la fois immatérielle et matérielle.

C'est là esquisser les lignes et l'horizon de cette entreprise. Pour la matérialiser, il nous convient d'envisager, dans un premier moment les termes de ce projet **(Chapitre I)**, et dans un second moment, ses enjeux philosophiques et politiques **(Chapitre II)**.

# CHAPITRE I :

# LES TERMES DU PROJET : SENS ET SUBSTANCE DE LA DÉCOLONISATION DE LA PENSÉE AFRICAINE DE L'ÉCONOMIE

> *« Le futur d'une communauté n'est pas déterminé que par son passé ; il n'est pas écrit d'avance ; il dépend aussi de ce que les hommes en feront, des projets qu'ils forment, explicitement ou implicitement, pour eux et pour leurs enfants »*[78].

Le concept de « sens » convoqué ici est synonyme de « signification »[79], c'est-à-dire « ce que signifie la chose », ce que signifie donc une réalité, ou un mot. C'est sa définition aussi. Quant au concept de « substance »[80], il renverra dans la présente réflexion à « ce qu'il y a

---

[78] *Afrique 2025. Quels futurs possibles pour l'Afrique au sud du Sahara ?*, op. cit., p. 27.

[79] Et non pas dans l'idée, d'abord des ''cinq sens'', c'est-à-dire cette faculté à percevoir des sensations auditives, tactiles, gustatives, olfactives et visuelles, ensuite dans l'idée de ''connaissance intuitive'', lorsqu'il est par exemple évoqué le sens de l'orientation, enfin dans l'idée de ''faculté de juger'' lorsqu'on dit par exemple de quelqu'un qu'il argumente dans le même sens que quelqu'un d'autre.

[80] Éminemment philosophique, la substance est un concept polysémique. Elle désigne entre autres ''ce qui subsiste par soi-même, à la différence de l'accident qui ne subsiste que dans un sujet'' ; ''ce qui nourrit l'esprit'' (comme un discours avec de la substance) ; la ''matière dont un corps est formé, et en vertu de laquelle il a des propriétés particulières'' (on parle par exemple de substance liquide, métallique, dure, molle, etc.) ;

d'essentiel, d'important dans un projet, un ouvrage, un écrit ou un acte », autrement dit, la « substantifique moelle »[81], pour emprunter à François RABELAIS[82].

Le présent projet se construit autour de la notion essentielle de *« décolonisation »*, dont le sens et la substance doivent être déclinés, afin de clarifier les termes de notre métadiscours sur *« la décolonisation de la pensée africaine »*. À l'analyse, cette décolonisation, « si tant est qu'un concept aussi ouvert puisse effectivement faire signe »[83] et sens, n'a-t-elle pas finalement été qu'« un fantasme sans épaisseur (...) un accident bruyant et un craquement à la surface, une petite fêlure externe, le signe d'un futur appelé à se fourvoyer »[84] et imposant à l'Afrique une remise en question fondamentale et essentielle ?

Le postulat de départ du présent propos est celui de l'universalité, tant de la capacité, de l'aptitude, de la prédisposition que de l'acte de penser en lui-même. Il repose donc sur la considération d'après laquelle penser est la propriété même du genre humain, au-delà des origines, des races, des cultures, des conditionnements et des conditions. Aussi, chaque homme, chaque peuple, devrait-il penser, par lui-même, et aucune société ne devrait être inféodée à la pensée d'une autre.

---

[81] Extraire « la substantifique moelle » de quelque chose c'est en retenir ce qu'il y a d'important, de meilleur, de plus précieux ou de plus profond.

[82] François RABELAIS considère que les nourritures intellectuelles et terrestres sont indissociables. C'est d'ailleurs pourquoi il les mélange, les associe, dans la célèbre métaphore contenue dans prologue de son œuvre monumentale Gargantua lorsqu'il invite le lecteur à approfondir le sens du récit, à « rompre l'os et sucer la substantifique moelle ».

[83] MBEMBE (Achille), *Sortir de la grande nuit. Essai sur l'Afrique décolonisée*, op. cit., p. 11.

[84] *Idem.*

Mais qu'est-ce donc que penser ? Sur quoi penser ? Pourquoi penser ? Comment penser ? Pour qui penser ? Autant de questions que *« penser », logos pharmakon*, peut soulever. Mais en l'espèce, il s'agit moins de proposer une réponse à chacune de ces importantes questions que d'interpeller tout le continent africain sur l'impératif catégorique de son affranchissement comme condition *sine qua non* de la reprise en main des rênes de sa destinée. Dans cet exercice de clarification conceptuelle et notionnelle, exercice d'une part d'affectation de sens, ou, du moins, de décryptage des significations, d'autre part de détermination ou de désignation de la substance de notions et concepts clés, notre attention sera portée principalement sur les termes et expressions : « décolonisation' » **(I)**, « pensée africaine » et « économie » **(II)**.

## I. LA DÉCOLONISATION

La décolonisation est un des phénomènes géopolitiques majeurs du XXe siècle[85]. Le mouvement des décolonisations, succédant aux impérialismes du XIXe siècle et qui aboutissent au démantèlement des empires coloniaux et à l'émergence du tiers monde, constitue l'un des faits historiques majeurs du XXe siècle[86]. Mais avant d'analyser la construction politique de ce concept **(B)**, envisageons préalablement sa signification et son historicité **(A)**.

---

[85] HOCQ (Christian), *Dictionnaire d'Histoire Politique du XXe siècle*, Ellipses, Paris 2005, p. 237.

[86] CORDELLIER (Serge), *Le Dictionnaire historique et géopolitique du 20e siècle*, 3e édition augmentée, La Découverte, Paris, 2005, pp. 184-185.

### A. Étymologie, signification et historicité d'un concept fécond

L'Afrique connait un certain renouveau, tant des processus de décolonisation que de la pensée sur la décolonisation. L'histoire de la décolonisation de l'Afrique s'inscrit dans une histoire générale de la décolonisation[87]. Cette histoire africaine de la décolonisation s'écrit dans la dialectique du général et du particulier. Elle met effectivement en lumière deux (02) importantes constatations : la première peut être appréhendée comme

---

[87] Il y a en effet plusieurs décolonisations :

- La décolonisation de l'Afrique Noire, du lendemain de la Seconde Guerre mondiale à l'indépendance de la Namibie en 1990, à la fin de l'apartheid en 1991 et à l'indépendance de l'Érythrée en 1993 ;
- La décolonisation de l'Asie méridionale et orientale, de la fin de la Seconde Guerre mondiale (avec l'indépendance des Philippines le 4 juillet 1946) à la fin des années 70 ;
- Décolonisation de l'Empire britannique, de la guerre d'indépendance américaine, en passant par le tournant de la fin de la Seconde Guerre mondiale jusqu'à la fin des années 70 ;
- La décolonisation française, de la fin de la Seconde Guerre mondiale à la fin des années 80, avec l'archipel des Comores (à l'exception de Mayotte) souverain en 1975, le Territoire des Afars et des Issas en 1977 sous le nom de Djibouti, le condominium franco-britannique des Nouvelles-Hébrides en 1980 sous le nom de Vanuatu ;
- La décolonisation du pacifique sud, du début du 19e siècle, entre autres Australie (dominion britannique en 1900), Nouvelle-Zélande (dominion britannique en 1906), Alaska (49e État américain en 1959), Hawaii (50e État américain en 1959), est complète à la fin des années 80 ;
- La décolonisation du Proche et Moyen-Orient, débute sous l'égide de la SDN et sous l'influence des États-Unis autour de 1920 (indépendance de l'Irak en 1930, retrait des britanniques d'Égypte en 1932, Liban 1943, Israël en 1948, Koweït en 1961) et s'achève au début des années 70 (Aden est évacuée par les britanniques en 1967 et le Bahreïn est indépendant en 1971), voire CORDELLIER (Serge), *Le Dictionnaire historique et géopolitique du 20e siècle*, 3e édition augmentée, La Découverte, Paris, 2005.p. 190.

celle de la généralité du processus, au-delà d'une temporalité ballotée entre rupture et continuité, interruption et disruption ; la seconde quant à elle peut s'envisager comme celle de la spécificité de chacune des dynamiques nationales.

S'agissant de *la généralité* en effet, on peut relever à brûle-pourpoint que le continent africain, dans sa quasi-globalité, a été balayé par le vent de la décolonisation. Dans les faits justement, « la période dite de décolonisation a débuté dès avant la Seconde Guerre mondiale avec l'indépendance de l'Égypte (1922 – 1936) ; elle s'est prolongée jusqu'aux années 1990 et ne serait pas encore terminée si l'on prend en compte la revendication du Maroc sur l'ancien Sahara occidental, aujourd'hui République arabe sahraouie démocratique (RASD) »[88]. Si les indépendances africaines s'échelonnent inlassablement sur une période assez longue[89], la Seconde Guerre mondiale va jouer un rôle éminemment important, comme le rappelle fort à propos Hélène D'ALMEIDA – TOPOR, dans l'accélération de la prise de conscience nationaliste en Afrique, et par conséquent le développement des revendications nationales tant sur le continent que dans les autres parties du monde sous domination étrangère[90]. En réalité, affirme-t-elle, « le processus de décolonisation,

---

[88] D'ALMEIDA-TOPOR (Hélène), *Naissance des États Africains, XXe Siècle*, Casterman – Giunti Gruppo Editoriale, Firenze, 1996, p. 11.

[89] Les indépendances africaines s'échelonnent effectivement sur une longue période puisque, sans prendre en compte le cas de l'Égypte (1922-1936), six (06) décennies au total s'écoulent entre l'accession de la Libye à la pleine souveraineté (24 décembre 1951), la toute première advenue après la fin de la Seconde Guerre mondiale, et celle du Sud-Soudan (9 juillet 2011), le dernier territoire indépendant d'Afrique, *in* D'ALMEIDA-TOPOR (Hélène), L'Afrique du 20e siècle à nos jours, 4e édition, Armand Colin, 2013, p. 213.

[90] *Ibid.* p. 162.

commencé d'abord en Asie, gagne l'Afrique au tournant des années 1950. En l'espace d'une quinzaine d'années, la pression des facteurs exogènes et endogènes aboutit à l'indépendance de la plus grande partie du continent africain, les dernières colonies devant se libérer par la suite »[91].

Quant *aux spécificités*, l'analyse des processus internes aux États africains autorise à dire que chacun d'entre eux, dans une cadence singulière, a écrit sa propre histoire, choisi ou subi sa propre trajectoire et joué son propre hymne à la liberté. Il est évidemment facile d'observer que, dans ce grand tumulte des indépendances, « les voies de l'émancipation ont été particulières à chaque État africain. Elles s'inscrivent dans un cadre chronologique dont les étapes sont déterminées à la fois par des évènements internationaux et par des questions locales »[92].

En outre, l'histoire de la décolonisation des pays africains permet de distinguer les indépendances plutôt faciles globalement pacifiques de celles difficiles, dans la plupart des cas violentes. Évoquant justement les diverses formes d'indépendances qu'a connues le continent, Hélène D'ALMEIDA – TOPOR analyse ce qu'elle qualifie « des voies multiples de l'émancipation »[93]. Parmi les indépendances difficiles[94], on retrouve celle du Congo Belge marquée entre autres par les émeutes sanglantes du 4 janvier 1959 ; du Cameroun obtenue dans le sang en

---

[91] *Idem.*

[92] D'ALMEIDA-TOPOR (Hélène), *Naissance des États africains, XXe Siècle*, précité, p. 11.

[93] *Ibid.*, p. 10.

[94] Terme privilégié par Hélène D'ALMEIDA-TOPOR, *in* D'ALMEIDA–TOPOR (Hélène), *Naissance des États africains, XXe Siècle*, précité, p. 24.

1960[95] ; de l'Algérie[96] gagnée le 5 juillet 1962 ; les indépendances des pays des anciennes colonies portugaises, de 1958 à 1960[97], marquées pas des arrestations, des tortures, des séquestrations, des sentences d'exil et de

[95] Indépendance obtenue après une violente lutte armée de nationalistes camerounais de l'Union des Populations du Cameroun (UPC), qui a causé de dizaines de milliers de morts dans l'Ouest (en pays Bamiléké) et dans le Centre et le Littoral (en pays Bassa). Voire MISKÉ (Ahmed-Baba), *La décolonisation de l'Afrique revisitée. La responsabilité de l'Europe*, op. cit., pp. 59-72.

[96] En Algérie, l'État se constitue dans un contexte de guerre. À titre de réponse de la France aux revendications nationalistes, les effectifs militaires passent de 56 500 hommes à 400 000 hommes en quelques mois seulement. Dans la même veine, la France va accorder par l'entremise de son parlement, des pouvoirs spéciaux au gouvernement Guy MOLLET le 12 mars 1956. De son côté, le Front de Libération Nationale (FLN) algérien se dote d'un Conseil national de la révolution algérienne lors du congrès clandestin dit ''de la *Soummam*'', le 20 août 1956 ; et l'Armée de Libération Nationale, ALN, se réorganise pour résister aux forces françaises d'occupation. Il faut noter que le nombre de soldats français va atteindre 800 000 en octobre 1958. En termes de bilan, ce conflit a fait plus de 33 000 morts et près de 65 000 blessés sur un effectif total de deux (02) millions de soldats côté français, et 158 000 morts officiellement côté ALN, voire D'ALMEIDA-TOPOR, *in* D'ALMEIDA-TOPOR (Hélène), *op.cit.*, p. 27.

[97] Dans cette dynamique de violence, l'arrestation d'Agostinho NETO, président du Mouvement populaire de libération de l'Angola (MPLA), est l'un des évènements des plus symboliques. En réalité la révolte éclate à Luanda en février 1961 et est vite suivie par une insurrection massive de paysans. Pour y répondre, la répression des troupes portugaises sera extrêmement brutale. Dans le droit fil des évènements angolais, une lutte armée s'ensuit en Guinée portugaise (Bissau) en 1963 et au Mozambique en 1964. La réponse portugaise sera la même : répression brutale, installation d'antennes de sa police secrète (PIDE) pour traquer les insurgés. C'est l'épuisement économique du Portugal (la guerre va couter si cher qu'une révolte d'officiers portugais éclate en avril 1974 du fait des restrictions économiques) qui favorisera l'indépendance de la Guinée-Bissau le 10 septembre 1974, du Mozambique le 25 juin 1975 et de l'Angola le 11 novembre 1975.

nombreuses disparitions[98], et dénouées par les indépendances de la Guinée-Bissau le 10 septembre 1974, du Mozambique le 25 juin 1975 et de l'Angola le 11 novembre 1975[99]. Peuvent aussi être rangées dans cette catégorie, les indépendances des États africains obtenus contre d'autres États africains, telles celles de la Namibie contre l'Afrique du Sud[100], l'Érythrée[101] contre l'Éthiopie, premier État de l'Afrique contemporaine[102].

---

[98] D'ALMEIDA-TOPOR, op.cit., p.27.

[99] *Ibid*, p. 29.

[100] Chargée de la tutelle du Sud-ouest africain par l'ONU, l'Afrique du Sud annexe unilatéralement ce territoire en 1949. L'ONU lui retire son mandat en 1966 accélérant le début d'une lutte de libération combinée à une guérilla menée par la SWAPO (Organisation du peuple d'Afrique de Sud-ouest) dès 1969 contre l'Afrique du Sud qui y avait étendu son régime d'Apartheid et *« bantoustanisation »*, pour reprendre Hélène D'ALMEIDA-TOPOR, *idem*, p. 31. Ce terrible conflit dura 20 ans, les négociations débutées en 1984 n'aboutissent au retrait de l'Afrique du Sud qu'en 1989. Le bilan de la lutte (1967-fin 1987) est très lourd : 20 000 morts, dont 11 000 du côté de la SWAPO. L'indépendance de la Namibie est proclamée le 21 mars 1990.

[101] Ce pays, ancienne colonie de l'Italie, est devenu « une entité autonome fédérée à l'Éthiopie » par décision de l'ONU en 1950. L'insurrection débutée en septembre 1961 va durer trente (30) ans, sous la direction du Front populaire de libération de l'Érythrée (FPLE). La chute du régime de Mengistu HAILÉ MARIAM en Éthiopie en mai 1991 accélère l'indépendance de l'Érythrée qui se dote d'un gouvernement provisoire sous l'égide du FPLE en juin 1991. Ce gouvernement obtient la reconnaissance internationale, en particulier le soutien des États-Unis, et organise un referendum d'indépendance en avril 1993 pour lequel le peuple se prononce massivement en faveur, voire pour plus de détails D'ALMEIDA-TOPOR (Hélène), *Naissance des États africains, XXe Siècle*, précité, p. 32.

[102] L'empereur éthiopien participa au partage de l'Afrique comme les colonisateurs européens. Comme État indépendant, l'Éthiopie pose sa candidature à la SDN et y est agréée en 1923. Mais après l'agression de l'Italie en 1935, pour venger l'humiliation reçue de Ménélik II à Adoua en 1896, l'Éthiopie subit l'occupation de 1936 à 1941. La capitale du pays est libérée par les britanniques en 1941, permettant à l'empereur

Les guerres coloniales, à la fois « guerre de siège (...), guerres étrangères et guerres raciales »[103], avaient en même temps, d'une part, « des aspects de guerres civiles, de guerres de défense, lorsque les guerres de libération n'appelaient pas en retour les guerres dites "contre-insurrectionnelles" »[104], d'autre part, des manifestations ostentatoires de « guerres d'extraction et de prédation »[105] des ressources et des richesses du continent.

Mais en tout état de cause, négociées ou obtenues dans la guerre, la mort et le sang, les indépendances n'ont généralement pas entrainé de rupture réelle et/ou définitive avec les anciennes puissances coloniales[106], les relations s'étant poursuivies dans la postcolonie, soit dans une relative de « convivialité », soit dans une tension ardente.

Force est de constater que la décolonisation fut l'un des problèmes majeurs de l'après-guerre. Dans un important mouvement mondial[107], l'Afrique vit sa propre histoire de la décolonisation faite tantôt d'expériences pacifiques, mais

---

le Négus Hailé Sélassié d'y rentrer. Les accords de janvier 1942 et de décembre 1944 lui rendent le gouvernement de son pays.

[103] MBEMBE (Achille), *Politiques de l'inimitié,* op. cit., p. 11.

[104] *Idem.*

[105] *Idem.*

[106] D'ALMEIDA-TOPOR (Hélène), *Naissance des États Africains*, op. cit., p. 11.

[107] MOURRE (Michel), *Le Petit Mourre. Dictionnaire d'Histoire Universelle*, édition poche, Bordas, Paris, 2006, p. 305. En Indochine française, dès l'évacuation japonaise, le Vietminh proclame l'indépendance du Viêt-Nam ; Soukarno fit de même pour l'Indonésie. En 1946 les États-Unis reconnaissent l'indépendance des Philippines. Du côté du Commonwealth l'Angleterre liquide son empire colonial avec sans trop de graves conflits. Dès 1947, l'Empire des Indes disparait en donnant naissance à deux (02) nouveaux Etats, l'Inde et le Pakistan. Ceylan accède également à l'indépendance, mais avec le statut de dominion. La Birmanie quant à elle choisit la sécession complète en 1948.

plus généralement de processus violents[108]. On peut mettre en exergue ici plusieurs processus de décolonisation spécifiques : le processus de l'Afrique britannique, le processus de l'Afrique francophone et le processus des empires coloniaux de moindre importance.

L'Afrique britannique entre dans la voie de la décolonisation à partir des années 1956 – 1957. Après une tentative échouée de regroupement multiracial dans le cadre de la Fédération de l'Afrique centrale entre 1953 et 1963, la quasi-totalité des anciennes possessions britanniques accède à l'indépendance dans la décennie 1960/1970, même si la plupart demeurent au sein du Commonwealth.

Le processus de décolonisation de l'Afrique francophone est plus mouvementé, du fait de la réticence française à l'abandon de son empire colonial, patiemment et durement constitué. En effet, l'édification de l'empire colonial français jusqu'aux environs de 1890 est principalement le fait d'initiatives individuelles d'hommes politiques[109], de commerçants, de missionnaires, d'officiers de marine ou de l'armée de terre. Ce nouvel empire colonial français créé par la III$^{e}$ République est essentiellement africain. Après l'établissement du protectorat sur la Tunisie (1881), l'expansion au Maghreb vise le Sahara algérien entre 1881 et 1902, date à laquelle la France prend pied au Maroc où elle impose son protectorat en 1912. En Afrique Noire, Brazza a posé les bases de la colonie du Congo entre 1875 et 1880. À partir du Sénégal, la conquête du Soudan occidental est entreprise en direction du Niger vers 1880. ARCHINARD détruit l'empire d'AHMADOU (1888/1893) et TOMBOUCTOU est occupé en 1893. La colonisation française progresse le long des côtes

---

[108] C'est le cas du Kenya où les anglais font face à la révolte des Mau-Mau,
[109] Comme Gambetta ou Jules Ferry.

guinéennes et en Côte-d'Ivoire. La défaite de BÉHANZIN (1894) permet l'annexion du DAHOMEY, puis c'est la défaite et la capture de SAMORY en 1898. Le gouvernement général de l'Afrique – Occidentale française s'étend en Haute-Volta puis en Mauritanie, puis le Tchad, annexé après la défaite de RABAH (1900), et tour à tour le Congo, le Gabon et l'Oubangui-Chari regroupés dans le gouvernement général de l'Afrique Équatorial Française (1910)[110].

Aussi peut-on comprendre pourquoi décoloniser un tel empire, stratégique du point de vue de son envergure et capital du point de vue de ses ressources, a pu être difficile. Même lorsqu'elles s'affirmaient allègrement pacifiques, c'est « la thèse de la décolonisation en douceur »[111], la plupart des expériences nationales de décolonisation en contexte francophone visaient « la mise en place des régimes "sûrs" »[112], en lieu et place des régimes dirigés par de « leaders africains d'envergure »[113], généralement colorés nationalistes. La constitution française de 1946, tout en acceptant *« le principe de l'autonomie administrative »* et en garantissant l'accès des autochtones à tous les emplois, restait foncièrement d'inspiration colonialiste et colonisatrice, car elle continuait de proclamer la volonté de la France de *« conduire les peuples dont elle [avait] pris la charge »* et qui étaient désormais rassemblés dans l'Union française. Accrochée à son empire colonial, la IVe République va s'enliser dans les longues guerres d'Indochine (1946/1954) et d'Algérie (1954/1962) et exercera une répression sanglante à Madagascar en 1947 et,

---

110 Voire MOURRE (Michel), *Le Petit Mourre. Dictionnaire d'Histoire Universelle*, édition poche, précité, p. 303.

111 MONGO BETI, *Main basse sur le Cameroun. Autopsie d'une décolonisation*, op. cit., p. 07.

112 *Idem.*

113 *Ibid.* p.07.

en 1956, n'accordera l'indépendance à la Tunisie et au Maroc qu'après de dures années d'agitation et de terrorisme. Dans ce processus, la Loi-cadre Gaston DEFFERRE de juin 1956 accorde aux territoires d'Afrique noire une plus grande autonomie administrative, supprime « le système du double collège » et instaure le suffrage universel pour les élections aux assemblées territoriales.

Procédant à une lecture comparative des processus de décolonisation britannique et française, une certaine doctrine souligne que contrairement à une idée longtemps admise, les méthodes utilisées par les Britanniques et par les Français n'étaient pas totalement opposées[114]. C'est ainsi qu'« en Afrique, la première étape de la décolonisation fut marquée par la politique coercitive des gouvernements successifs de la IVe République à l'égard des émeutes en Algérie (mai 1945), de l'insurrection de Madagascar (1947), des actions de l'UPC (Union des Populations Camerounaises) dirigée par Ruben UM NYOBE. Ce parti, créé en 1948, fut durement sanctionné et interdit en 1955 avant d'entrer dans la clandestinité »[115]. Pour sa part, la Grande-Bretagne réprima gravement le mouvement MAU-MAU au Kenya (1952–1955) ; emprisonna plusieurs dirigeants des partis nationalistes parmi lesquels KWAME NKRUMAH en Gold Coast (1948 puis 1950) et Jomo KENYATTA, au Kenya (1952). En outre, « elle n'hésita pas à exiler pendant deux ans le KABAKA, autorité traditionnelle suprême du Buganda, qui devient de ce fait un symbole de la résistance nationaliste bugandaise »[116].

---

114 D'ALMEIDA-TOPOR (Hélène), *Naissance des États Africains*, précité, p. 14.
115 *Idem.*
116 *Idem.*

Même les empires coloniaux de moindre importance subissent ce mouvement de décolonisation de l'après-Seconde Guerre mondiale. Après quatre (04) ans de combats violents, les Pays-Bas reconnaissent l'indépendance de l'Indonésie en 1949 et du Surinam en 1975, mais en conservant les Antilles néerlandaises (Curaçao, Aruba, Bonaire). La Belgique accorde l'indépendance au Congo en 1960, qui deviendra le Zaïre en 1971. L'Espagne rétrocède au Maroc l'enclave d'Ifni, en 1976 l'ancien Sahara espagnol est partagé entre le Maroc et la Mauritanie, que le Maroc récupéra intégralement après le désistement de la Mauritanie en août 1979. L'Espagne conservera les présides de Melilla et de Ceuta ainsi que les Canaries, qui font partie intégrante de son territoire métropolitain ; l'ancienne Guinée espagnole (Rio Muni et Fernando Pô) devient indépendante en 1968 sous le nom de la Guinée Équatoriale.

Le Portugal est le dernier pays colonisateur à abandonner ses dominations qu'il défendit avec acharnement en y consacrant une part très importante de son budget métropolitain. Goa lui est enlevé par l'Inde en 1961. En Angola, au Mozambique et en Guinée les combats violents se poursuivent jusqu'à la révolution portugaise d'avril 1974. Finalement, « comme la IV$^{e}$ République en France, le régime fondé par SALAZAR périt de l'échec de sa politique coloniale ; la junte militaire maitresse du pouvoir à Lisbonne accorda l'indépendance à toutes les colonies portugaises en 1974/1975 »[117]. Il faut relever qu'après le retrait du Portugal, il ne restait plus de

[117] MOURRE (Michel), *Le Petit Mourre. Dictionnaire d'Histoire Universelle*, précité, p. 305. Voire pour plus de précisions, sur *« la fin des empires coloniaux et la décolonisation »*, MOURRE (Michel), *Le Petit Mourre. Dictionnaire d'Histoire Universelle*, Nouvelle édition revue et augmentée avec CD-Rom, Bordas, Madrid, 2004, pp. 281-282.

possessions européennes en Afrique, à l'exception du Sahara occidental qui dépendait de l'Espagne.

Du strict point de vue définitionnel, il convient, d'emblée, de relever que de manière générale la décolonisation s'appréhende toujours par opposition à la colonisation[118], concept plurivoque qui dispose d'au moins deux (02) sens généraux distincts renvoyant à une domination politique et à un processus de peuplement[119]. D'une part, on entend par colonisation « la domination politique d'une métropole sur des territoires appelés colonies – ce que métaphoriquement on peut considérer comme la domination d'un centre sur une ou des périphéries »[120]. De cette acception découle une proximité entre colonialisme et impérialisme, pertinemment soulignée par les penseurs marxistes (dans le sens d'imperium)[121]. D'autre part, « la colonisation correspond aussi, mais pas systématiquement, à l'établissement planifié, généralement par la métropole, de nouveaux

---

[118] La colonisation est un processus d'expansion territoriale et/ou démographique qui se caractérise par des flux migratoires se déroulant sous la forme d'une migration, d'une occupation plus ou moins rapide, parfois d'une invasion brutale d'un territoire. Dans ses formes les plus extrêmes, la colonisation peut s'accompagner d'une marginalisation, d'une réduction et – dans les cas les plus féroces – de massacres ou de génocide des populations autochtones. La colonisation peut avoir pour but l'exploitation d'avantages réels ou supposés (matière première, main-d'œuvre, position stratégique, espace vital, etc.) d'un territoire au profit de sa métropole à travers l'État qui taxe soit ses colons, soit les sociétés exploitant les ressources minières ou autres.

[119] ROSIÈRE (Stéphane) (dir.), *Dictionnaire de l'espace politique. Géographie politique et géopolitique*, Armand Colin, Paris, 2008, p. 49.

[120] *Idem.*

[121] *Idem* Force est de reconnaitre que la distinction entre colonialisme et impérialisme est difficile à établir, car *« s'il est manifeste que la colonie est subordonnée à la métropole, dans l'impérialisme certains faux-semblants peuvent faire écran à la subordination comme l'indépendance formelle d'États-satellites par exemple »*.

habitants sur un territoire dont ils ne sont pas originaires »[122]. Cette approche démographique de la notion de colonisation renvoie très précisément à l'étymologie du mot coloniser, qui vient du latin *''colere''*, qui signifie cultiver. Les colons seraient ainsi, « d'abord, des cultivateurs, des occupants permanents mettant en valeur une terre et la faisant fructifier »[123]. Dans cette perspective d'ailleurs, il faut souligner que d'anciennes colonies devenues indépendantes se sont lancées dans « des programmes de colonisation agricole », tels que le Brésil ou le Québec[124].

La « dualité colonisation/décolonisation »[125] est donc fondamentale dans cette tentative d'appréhension. La décolonisation, par opposition à la colonisation, s'entend comme un processus par lequel un pays ou une région, anciennement colonisé, devient ou redevient indépendant. Du point de vue politique, elle renvoie à un processus d'émancipation des territoires coloniaux vis-à-vis des métropoles colonisatrices. C'est donc un processus d'affranchissement du lien, du joug, de l'emprise, de la dépendance, de la domination coloniale, vers et pour un état d'indépendance et d'autodétermination des pays, territoires et peuples jusque-là colonisés. Si la décolonisation qualifie originellement un phénomène observé dès 1775 en Amérique[126], c'est en Afrique cependant, au lendemain de

---

[122] *Idem.*
[123] *Ibid,* pp. 49-50.
[124] *Ibid*, p. 50.
[125] MBEMBE (Achille), *Sortir de la grande nuit. Essai sur l'Afrique décolonisée*, op. cit., p.11.
[126] À la faveur de la guerre d'indépendance des États-Unis, souvent considérée comme le premier mouvement de décolonisation, suivie de la guerre d'indépendance d'Haïti qui survient au moment de la Révolution française et aboutie en 1804 à la constitution d'Haïti comme première république noire libre du monde, faisant ainsi perdre à la France sa colonie la plus prospère. Cette décolonisation est suivie au

la Seconde Guerre mondiale que le terme s'impose, grâce premièrement au développement des nationalismes africains qui émergent au début du 20e siècle, deuxièmement à l'avènement de l'Organisation des Nations Unies (ONU), officiellement en faveur de la décolonisation.

Pour Christian HOCQ, reprenant Marc FERRO, le terme est « mal choisi, européocentrique qui ignore la part des peuples opprimés dans leur libération »[127]. Si le terme est apparu en 1836 à l'issue de la décolonisation de l'Amérique latine, il s'est progressivement répandu lorsqu'il est réutilisé en Europe à partir du début des années 1950[128].

Dans le cas spécifique de l'Afrique, l'histoire des accessions à l'indépendance est véritablement complexe parce que son déroulement a mis en œuvre « une multiplicité de paramètres inhérents d'une part à l'évolution des relations entre les métropoles et leurs colonies, d'autre part à celle des rapports de force à l'intérieur de chacun des deux ensembles, le tout se déroulant dans un contexte mondial lui-même en mouvement »[129].

Le concept de décolonisation est d'un intérêt certain et croissant dans la littérature moderne, par-delà les lieux de pensée et les champs de spécialités. Dans cette dynamique, peuvent être signalées l'histoire, d'un côté, la science politique de l'autre, dans nombreuses de ses branches évidemment : histoire politique ; institutions politiques ; géographie politique ; géopolitique, entre autres.

---

XIX^e siècle par l'indépendance des colonies espagnoles en Amérique Latine.

127 HOCQ (Christian), Dictionnaire d'Histoire Politique du XXe siècle, Ellipses, Paris 2005, p. 237.

128 *Idem.*

129 D'ALMEIDA-TOPOR (Hélène), *Naissance des États Africains, XXe Siècle*, Casterman – Giunti Gruppo Editoriale, Firenze, 1996, p. 11.

En histoire, la définition de la décolonisation est interdépendante des notions de colonies[130], de colonialisme[131] et de colonisation[132], entre autres.

---

[130] Les colonies sont des territoires généralement non européens conquis et politiquement soumis à la tutelle d'États européens, MOURRE (Michel), *Le Petit Mourre. Dictionnaire d'Histoire Universelle*, édition poche, précité, p. 298.

Dans une perception davantage juridique de la colonisation, qui s'attache au statut juridique et à la personnalité juridique, *« une colonie désigne un territoire dépourvu de personnalité juridique internationale et soumise à une métropole. Elle est le plus souvent située outre-mer, mais pas nécessairement, comme l'atteste la colonisation russe dans les pays baltes comme en Asie »*, HOCQ (Christian), *Dictionnaire d'Histoire Politique du XXe siècle*, Ellipses, Paris 2005, p. 180.

Dans une perspective propre à la science politique, le terme colonie désigne tout territoire conquis et contrôlé par des hommes venus de la métropole. Ainsi définie, la colonie « s'impose comme une institution transculturelle et transhistorique, s'appliquant autant à la Grèce antique qu'au monde contemporain », HERMET (Guy), BADIE (Bertrand), BIRNBAUM (Pierre), BRAUD (Philippe), *Dictionnaire de la science politique et des institutions politiques*, 8e édition, Armand Colin, Paris, 2015, p. 52. Dans son sens moderne et le plus courant, elle désigne les implantations territoriales des puissances européennes au-delà de l'espace territorial qu'elles revendiquent pour leur communauté nationale (idem). Elle suppose généralement la domination effective d'une minorité étrangère sur une population autochtone culturellement différente. On distingue toutefois entre *la colonie de peuplement*, destinée à accueillir de façon massive une population métropolitaine pour une installation durable et permanente, le plus souvent au prix d'une marginalisation, voire d'une destruction de la population autochtone, et *la colonie d'exploitation* où la population métropolitaine, moins nombreuse, encadre, contrôle et exploite simplement la population autochtone (*idem*).

Yves TISSIER rappelle que dans l'Antiquité, la colonie désigne un groupe de citoyens qui quittaient sans intention de retour, une cité d'origine (cité mère), pour aller fonder outre-mer une nouvelle cité ; et par métonymie, la colonie désigne cette nouvelle cité elle-même, TISSIER (Yves), *Le vocabulaire de l'Histoire*, Librairie Vuibert, Paris, 2005, p. 206. Si la colonie est à l'origine un mot latin signifiant d'abord « domaine rural », il va progressivement s'appliquer à tous les peuples

En histoire politique, le terme décolonisation qualifie un « processus par lequel un État jusqu'alors colonisé devient un État indépendant, souverain »[133]. Cette définition privilégie l'approche institutionnelle en s'inscrivant dans le processus d'étatisation.

---

aventuriers de l'Antiquité (Phéniciens, grecs, romains, macédoniens, etc.) qui recherchaient ou créaient des colonies à cause du surpeuplement de la cité mère ou de l'insuffisance de richesse au sein de celle-ci. Par exemple, Carthage fut une célèbre colonie des phéniciens de Tyr, Syracuse fut une colonie de Corinthe et Marseille une colonie de Phocée, (*idem*). Au Moyen Âge et dans les Temps modernes, colonie est le nom donné à des ilots de peuplement que divers souverains ou États implantent en Europe, à l'Est en particulier, sur des terres conquises qu'ils comptaient mettre en valeur pour pérenniser leurs possessions. C'est le cas des colonies des Normands en Sicile dans le haut Moyen Âge ; les colonies de peuplement allemandes en Prusse, en Bohême, en Transylvanie, sur la Volga, ou les colonies russes en Crimée. Dans les Temps modernes et à l'époque contemporaine, colonie désigne un territoire situé hors d'Europe, conquis, administré et mis en valeur par une puissance européenne appelée puissance coloniale. C'est le cas des colonies portugaises, espagnoles, hollandaises britanniques, françaises, belges, allemandes et italiennes, (*idem*). L'ensemble des colonies françaises constitua au 19e siècle l'empire colonial. Le Canada, aux 17e et 18e siècles, puis l'Algérie aux 19 et 20e siècles furent les seules colonies de peuplement de la France (*idem*).

131 Le colonialisme désigne une *« doctrine géopolitique et système d'organisation développés en Europe à partir du XVIIe siècle, fondés sur la conquête, l'administration et l'exploitation des territoires outre-mer, au profit de l'essor économique du colonisateur »*, TISSIER (Yves), *Le vocabulaire de l'Histoire*, Librairie Vuibert, Paris, 2005, p. 206.

132 La colonisation est un nom féminin qui désigne l'action de coloniser, de même que l'état qui en résulte, p. 207. Colonisation par l'Europe de l'Amérique latine au 16e siècle et de l'Afrique au 19e siècle, mais l'Éthiopie se montra rebelle à toute colonisation, TISSIER (Yves), *Le vocabulaire de l'Histoire*, Librairie Vuibert, Paris, 2005, p. 207.

133 HOCQ (Christian), *Dictionnaire d'Histoire Politique du XXe siècle*, Ellipses, Paris 2005, p. 237.

En histoire et géopolitique, la Décolonisation désigne le « passage, pour un territoire, du statut subordonné établi par la colonisation à celui d'État s'autogouvernant et souverain »[134]. La décolonisation peut s'effectuer par étapes comme ce fut le cas des dominions britanniques (Canada, Australie, Nouvelle-Zélande, etc.), ou brutalement comme au Congo belge (processus et modalités de décolonisation). Cette définition insiste sur le changement de statut du territoire concerné.

En science politique et institutions politiques, la décolonisation s'appréhende par opposition au colonialisme, qui s'entend « soit comme une idéologie justifiant l'entreprise coloniale, soit comme l'ensemble des pratiques sociales et politiques permettant la réalisation de celle-ci »[135]. Ces pratiques peuvent faire appel à des *« modèles d'administration directe »*, généralement caractéristiques des colonisations française, belge ou portugaise, ou *« indirecte »* (*indirect rule*), conservant les formes d'autorité traditionnelle alors mises en tutelle, comme dans le cas des colonisations britanniques ou néerlandaises[136].

Ces différentes perceptions, aperceptions, appréhensions et modes d'approcher le concept de décolonisation, de l'intelliger, mettent en lumière sa construction complexe.

---

[134] CORDELLIER (Serge), *Le Dictionnaire historique et géopolitique du 20e siècle*, 3e édition augmentée, La Découverte, Paris, 2005, p. 184.

[135] HERMET (Guy), BADIE (Bertrand), BIRNBAUM (Pierre), BRAUD (Philippe), *Dictionnaire de la science politique et des institutions politiques*, 8e édition, Armand Colin, Paris, 2015, p. 52.

[136] *Idem.*

### B. Construction politique et philosophique d'un concept opératoire

Il convient de faire remarquer d'emblée qu'à l'image de tout concept fécond, celui de *« décolonisation »*, tout en nourrissant une fantasmagorie fertile, est sujet d'appréhensions diverses et objet d'usages les plus insoupçonnés, de toutes les formes d'interprétation, d'instrumentalisation, de manipulation. La chose s'explique aisément, le concept de décolonisation n'est pas seulement un concept scientifique, originaire du métalangage de la philosophie, de l'histoire, de la science politique, de l'anthropologie, de la sociologie, entre autres, mais aussi un concept politique.

*D'abord,* parce que la décolonisation, non seulement constitue une idéologie de la libération, mais désigne également un processus politique d'émancipation, articulé autour d'une pluralité des pratiques sociales et politiques permettant le passage, pour un territoire donné, du statut de subordonné à celui de territoire souverain.

*Ensuite,* parce que la décolonisation, au-delà de raconter une histoire, celle des peuples opprimés d'Afrique, d'Asie, d'Amérique, constitue en elle-même une histoire à part entière qui mobilise des prises en compte épistémiques, fonde des luttes intellectuelles et politiques, tout en inspirant des mythologies, des utopies et des imaginaires divers.

*Enfin,* parce que la décolonisation, processus politique par excellence, constitue aujourd'hui et plus que jamais, la cause des batailles épiques de toutes sortes entre intellectuels de tous bords, les politiciens de tous les acabits, les idéologues et théologiens de tous les horizons. L'évidente divergence de *« perception de la décolonisation »* dans les métropoles et dans les pays colonisés et/ou dominés[137] en est une patente illustration.

Pour toutes ces raisons, et bien d'autres encore, « la décolonisation en tant qu'évènement politique *constituant* »[138] selon Frantz FANON, est un concept opératoire majeur, par-delà même sa fécondité plurielle.

Mais dire que le concept de décolonisation est un concept politique, c'est aussi inférer que la décolonisation, dans une perspective épistémique, est objet de construction politique et philosophique par ceux qui le mobilisent et en font usage. L'une des questions qui se posent dès lors est celle de savoir comment l'élite politique et intellectuelle africaine et afro descendante s'est saisie du concept, l'a intelligé, l'utilise et l'instrumentalise, et à quelles fins ? Sans procéder à une archéologie des usages du concept de décolonisation, lesquels usages sont forcément idéologiques, politiques, stratégiques, militants, entre autres, les défis actuels qui se posent à l'Afrique et les luttes plurielles dans lesquelles ses peuples sont engagés, attestent, à tout le moins, la fonction éminemment utilitaire du concept de décolonisation convoqué dans une perspective passée, présente et à venir. Et de plus en plus, dans une imagination du futur (ou des futurs) du continent, fort du constat que l'Afrique, près de 70 ans après les premières indépendances, n'est réellement pas décolonisée. C'est le constat fait, certes dans des déclinaisons assez variées, par des penseurs tels que Frantz FANON, en l'occurrence dans *Les damnés de la terre*[139], Valentin-Yves

---

[137] D'ALMEIDA-TOPOR (Hélène), *L'Afrique du 20e siècle à nos jours*, op. cit., p. 214.

[138] MBEMBE (Achille), *Politiques de l'inimitié,* op. cit., p. 14.

[139] FANON (Frantz), *Les damnés de la terre*, Éditions Maspero, 1961. Ce livre, grand classique de la bibliothèque de la décolonisation, est un essai analytique sur le colonialisme, l'aliénation du colonisé et les guerres de libération. L'un des points majeurs de l'œuvre est qu'en plus

MUDIMBE dans ses diverses réflexions sur la notion de « négritude »[140], Hélé BÉJI et son autopsie de la décolonisation tunisienne[141], Souleymane Bachir DIAGNE et Jean-Loup AMSELLE qui se réclament d'une pensée « décoloniale » de rupture dans leur « quête d'Afrique(s) »[142], Bernard DROZ et son histoire de la

---

d'anticiper les conséquences de la post-colonie et le sort des régimes fantoches installés par les colonisateurs au lendemain des indépendances, elle l'analyse fine qu'elle livre du rôle que joue la violence entre colonisateur et colonisé, en plus du fait de défendre l'idée de la lutte anticolonialiste violente, armée au besoin, pour réaliser l'émancipation des peuples opprimés.

[140]MUDIMBE (Valentin-Yves), *« Humanisme et négritude »*, Présence universitaire, 14 (1964), pp. 5-13 ; « Physiologie de la négritude », *Études Congolaises*, 10 (1967) n. 5, pp. 1-18 ; « Négritude et politique », *Hommages d'hommes de culture*, Paris, Présence africaine, 1970, pp. 276-283 entre autres.

[141] BÉJI (Hélé), *Désenchantement national : Essai sur la décolonisation*, ELYZAD, 2013. L'auteur peint une société tunisienne postindépendance en grande souffrance et en totale errance. Le point central de l'œuvre est que sans dédouaner le colonisateur français de ses responsabilités dans la tragédie tunisienne, Hélé BÉJI décrit une société aux prises avec ses propres démons : instrumentalisation de l'idéologie nationale au profit de la protection des intérêts des nouvelles élites dirigeantes postindépendance, installation d'un système de corruption et de clientélisme, tyrannie des gouvernants sur les gouvernés, corruption du concept d'identité qui n'est plus une force de libération, mais un instrument d'obscurantisme.

[142] DIAGNE (Souleymane Bachir), AMSELLE (Jean-Loup), *En quête d'Afrique(s). Universalisme et pensée décoloniale*, Paris, Éditions Albin Michel, collection « Itinéraires du savoir », 2018. Dans un dialogue particulièrement savant, les auteurs, au-delà d'expliquer la rupture qu'instaure le courant « décolonial » avec les catégories occidentales et essentialistes de race, de mentalité primitive ou de pensée magique, s'interrogent sur la consistance, les permanences, les récurrences et les bifurcations de la « pensée décoloniale » très à la mode aujourd'hui sur le continent et ses diasporas. Dans un examen critique des catégories postcoloniales où l'adjectif connait des usages variés bien avant les « indépendances », les auteurs abordent

décolonisation[143], Jean ZIEGLER dont l'ouvrage *Main basse sur l'Afrique*[144], qui semble constituer un écho de *Main basse sur le Cameroun* de MONGO BETI initialement publié en 1972, essai dans lequel l'auteur se propose de livrer la « version non autorisée de l'histoire de la décolonisation »[145] du Cameroun.

Dans cet inventaire partial et partiel, Achille MBEMBE nous parait être l'un de ceux qui proposent l'une des œuvres les plus monumentales, consacrée à la question. Il est évident, à l'analyse, que le concept reste central dans son œuvre, soulignant ainsi son envergure et son amplitude dans le contexte actuel du continent, lieu de vie qui voit cet héritage de lutte passer de génération en génération. L'une des thèses de son œuvre est que la décolonisation primitive

---

successivement les thèmes d'universalisme, de race, d'islam et d'africanité entre autres.

143 DROZ (Bernard), *Histoire de la décolonisation au XXe Siècle*, Points, Paris, 2009. Soulignant que la décolonisation est un épisode majeur de l'histoire moderne de l'humanité, Bernard DROZ, admet que la décolonisation formelle des territoires colonisés n'a jamais signifié autodétermination politique et indépendance économique. Situant son impact sur la marche du monde à celui de la guerre froide, il décrit les ressorts et les modalités, pacifiques ou violentes, de cette émancipation des peuples qui a secoué tous les continents, tout en soulignant la complexité de ces processus à travers ses héritages et ses séquelles laissés aux peuples impliqués, colonisateurs comme colonisés.

144 ZIEGLER (Jean), *Main basse sur l'Afrique*, Points, Collection Points Essais, Paris, 28 avril 2016. L'auteur analyse le nouveau positionnement de l'Afrique comme territoire de toutes les convoitises et champs des enjeux actuels de puissance tant des États développés, des États émergents, que des firmes multinationales. Livrant une critique nue de l'échec de la construction de l'État postcolonial, des leurres des processus de démocratisation du continent, des ratés de la mondialisation économique néolibérale, de l'exploitation sauvage des ressources du continent, Ziegler ne cache pas son inquiétude au sujet du futur du continent.

145 MONGO BETI, *Main basse sur le Cameroun. Autopsie d'une décolonisation*, La Découverte/Poche, édition de 2010, p. 06.

a inauguré le temps d'une bifurcation vers d'innombrables chemins, lieux et futurs[146]. Pour Achille MBEMBE, « ces futurs étaient, par définition, contingents. Les trajectoires suivies par les nations nouvellement affranchies furent, en partie, la conséquence de luttes internes aux sociétés considérées »[147].

Mais ces luttes furent elles-mêmes « façonnées par des formes sociales anciennes et des structures économiques héritées de la colonisation, des techniques et pratiques de gouvernement des nouveaux régimes postcoloniaux »[148]. Selon lui, dans la plupart des cas, ces luttes vont aboutir à la mise en place d'une forme de domination sans véritable hégémonie[149]. Au lieu que cette décolonisation primitive soit « une fête de délivrance universelle, la remontée de l'homme au plus haut degré de ses facultés symboliques, à commencer par le corps tout entier, agité rythmiquement en ses membres et en sa raison par le chant et la danse – rire strident et surabondance de vie »[150], elle a plutôt engendré « ce chaos nébuleux du présent »[151]. Manufacture cynique de la violence et de la souffrance, la décolonisation a donné l'occasion à l'Occident de concrétiser en Afrique ses « mythes les plus obscurs »[152], et de prolonger, dans la « postcolonie »[153], l'œuvre de profanation du corps et de

---

[146] MBEMBE (Achille), *Sortir de la grande nuit. Essai sur l'Afrique décolonisée*, op. cit., p. 11.
[147] *Idem.*
[148] *Idem.*
[149] *Idem.* L'auteur tire parti des réflexions GUHA (Ranajit), *Dominance Without Hegemony*, Harvard University Press, Cambridge, 1998 et CHATTERJEE (Partha), *The Nation and Its Fragments*, Princeton University Press, Princeton, 1993.
[150] MBEMBE (Achille), *Sortir de la grande nuit,* op. cit., p. 19.
[151] *Idem.*
[152] MBEMBE (Achille), *Politiques de l'inimitié,* op. cit., p. 12.
[153] MBEMBE (Achille), *De la postcolonie*, op. cit., XI

l'esprit du colonisé, au travers des mains perverses « du frère »[154].

Ahmed – Baba MISKÉ est d'ailleurs clément lorsqu'il affirme, sentencieux, que « la décolonisation du XXe siècle a consolidé durablement la dépendance dans le sous-développement et donc la domination de l'Europe sur l'Afrique »[155]. En réalité, elle a surtout enfanté d'un monde sans nom, sans visage, sans esprit et sans âme, sans âge et hors temps, aussi suspendu. Un être quelconque, informe, qu'il faut absolument non seulement exorciser de l'esprit de mort, mais aussi réinventer totalement, recréer en lui insufflant des forces de vie, si possible.

La permanence de la violence au sein et entre les sociétés, à la faveur de « la loi du sang, la loi du talion et le devoir de race »[156], et la reconduction planétaire de la relation coloniale sous des visages différents et des configurations sans cesse changeantes, confirme la décolonisation comme un enjeu fondamental de notre temps, et un impératif pour l'Afrique et les nouvelles générations d'Africains. À la suite d'Ahmed – Baba MISKÉ, nous pensons que « le devoir de libération reste donc un impératif. C'est la tâche des Africains du XXIe siècle. Ses modalités sont bien différentes de celles du passé »[157], de celle de la décolonisation primitive dont le continent continue de payer la lourde note. Ce concept plurivoque de « décolonisation » ne pouvait qu'être fondamental dans notre propre démarche intellectuelle.

---

[154] *Ibid.*, p. 33.

[155] MISKÉ (Ahmed-Baba), *La décolonisation de l'Afrique revisitée. La responsabilité de l'Europe*, op. cit., p. 143.

[156] MBEMBE (Achille), *Politiques de l'inimitié,* op. cit., p. 15.

[157] MISKÉ (Ahmed-Baba), *op. cit.*, p. 162.

## II. PENSÉE AFRICAINE, ÉCONOMIE

Les deux (02) autres expression et terme clés de notre propos, qui seront analysés successivement, sont la pensée africaine **(A)** et l'économie **(B)**.

### A. La pensée africaine

Tenter d'appréhender l'expression « pensée africaine » nous oblige à marquer deux (02) temps d'arrêt : le premier pour intelliger le concept de « pensée », le second pour évoquer ce à quoi peut renvoyer, en l'espèce, le terme « africaine ».

Mais d'abord, la pensée, dans un sens large, désigne avant tout une vie psychique, consciente dans son ensemble, et qui recouvre un ensemble de processus par lesquels sont élaborés, en réponse aux perceptions venues des sens, des images, des sensations, des concepts que l'être humain associe pour apprendre, comprendre, créer et agir. Dans ce sens, la pensée peut être considérée comme un instrument d'action (apprendre, comprendre, créer, agir). Toutefois, la pensée c'est aussi une représentation psychique, un ensemble d'idées propres à un individu ou à un groupe, une façon de juger une opinion[158], un trait de caractère[159]. Dans cet horizon, la pensée pourrait s'analyser comme un produit, comme un résultat. Sans toutefois se limiter en une forme de discours sur la réalité, la pensée est par ailleurs une vie, une façon d'être et d'exister, un programme de vie et un projet social. La « pensée comme mode de vie »[160], pour emprunter à Fabien EBOUSSI BOULAGA, est un acte de résistance et une intelligence

---

[158] C'est-à-dire une façon de penser.

[159] On dira par exemple d'une personne qu'elle a une pensée rigoureuse.

[160] EBOUSSI BOULAGA (Fabien), *L'affaire de la philosophie africaine*, Terroirs/Karthala, Paris, 2011, p. 70.

sociale, fonctionnelle et créatrice[161]. Dans la présente perspective, cette pensée de décolonisation doit être « ce feu en langage et en praxis : la praxis du surgissement, du jaillissement, de l'émergence [pour] renverser les vieux liens de sujétion et occuper une nouvelle place dans le temps et la structure du monde »[162].

Aussi, cette pensée a-t-elle pour principaux outils, outre les images, les représentations et les sensations, les concepts et les notions qui sont des médiateurs essentiels entre elle (la pensée) et l'objet, entre elle et le réel qu'elle s'emploie à apprendre, à comprendre, à imaginer, à créer, à faire agir ou pour agir. Ce réel c'est la vie, la vie humaine et sociale, dans son ensemble ou dans ses mobilisations et ses expressions les plus diverses, donc l'une parmi tant d'autres est l'économie. Cette pensée doit inévitablement « trouver un langage, des pratiques effectives, et surtout une traduction dans les institutions nouvelles et une culture politique neuve »[163].

Le terme « africaine » quant à lui, peut avoir deux (02) emplois au moins : substantival et adjectival. Comme *emploi substantival*[164], africaine désigne un habitant ou une personne originaire de l'Afrique[165]. C'est également un surnom d'une personne qui a œuvré longuement ou glorieusement en Afrique[166]. Comme *emploi adjectival*, le terme peut avoir un emploi caractérisant. *À titre d'emploi*

---

[161] KAVWAHIREHI (Kasereka), *Y'en a marre ! Philosophie & espoir social en Afrique*, Karthala, Paris, 2018, p. 17.
[162] MBEMBE (Achille), *Sortir de la grande nuit. Essai sur l'Afrique décolonisée*, op. cit., p. 18.
[163] *Ibid.*, p. 22.
[164] Selon la règle, l'emploi du substantif demande un ''A'' initial majuscule : un Africain, une Africaine.
[165] On peut parler dans ce sens, pour coller à l'actualité, des migrants africains.
[166] On dira par exemple dans ce sens, Indira GANDHI l'africaine.

*caractérisant*, africaine désigne ce qui est analogue aux traits propres à l'Afrique ou aux Africains[167]. *À titre d'emploi déterminatif*, le mot africaine peut être appliqué soit à une personne ou à un collectif, pour désigner *celui qui est habitant ou originaire de l'Afrique*[168], soit à un sujet inanimé concret ou abstrait pour désigner *ce qui est propre à l'Afrique ou à ses habitants*. Dans ce cas-ci, *pour des aspects physiques*, on peut parler des paysages africains ; *pour des aspects raciaux*, on peut évoquer le sang ou le cheveu africain ; *pour des particularités culturelles*, il est fréquent d'entendre parler de la musique africaine, de la mode africaine, de la littérature africaine ou en ce qui nous concerne, de la pensée africaine.

Dans le cadre du présent texte, africaine aura un emploi adjectival de type déterminatif, appliqué à un sujet inanimé de nature abstraite, l'économie, et suggérant un particularisme culturel. Sous ce rapport, et en nous éloignant de la tentative, toujours très forte ici, de la reproduction des catégories coloniales (Afrique francophone, Afrique anglophone, Afrique lusophone, Afrique arabophone, etc.), la « pensée africaine », dans notre perspective, est autant la pensée « de » l'Afrique que la pensée propre à l'Afrique et aux africains.

Mais de quelle Afrique s'agit-il ? La question mérite d'être posée, car il y a forcément dans la tentative de saisie ou d'appréhension de l'Afrique, trois (03) dimensions au

---

[167] S'agissant des traits d'une personne, on peut dire d'un homme qu'il a *l'air africain*. En parlant d'un sujet inanimé concret ou abstrait, on peut remarquer qu'il y a quelque chose d'africain dans sa bonté.

[168] Maintenant encore, dans beaucoup de sociétés inférieures, les fonctions se distribuent d'après la race. Dans un grand nombre de tribus africaines, les forgerons descendent d'une autre race que le reste de la population. Il en était de même chez les juifs au temps de Saül. DURKHEIM (Emile), *De la Division du travail social*, 1893, p. 295.

moins à surligner : la dimension d'unité, la dimension de diversité et la dimension de complexité.

*L'Afrique dans sa dimension d'unité c'est « l'Afrique »,* on l'appelle aussi *« l'Afrique unie »*. C'est l'un des cinq (05) continents du globe terrestre. Elle couvre près de 6 % de la surface terrestre et 20,3 % de la surface des terres émergées. Sa superficie officielle est de 30 415 873 km² en y intégrant les îles. Avec plus de 1,3 milliard d'habitants en 2020, l'Afrique représente environ 17 % de la population mondiale. Du point de vue de ses limites, le continent est bordé par la mer Méditerranée au nord, le canal de Suez et la mer Rouge au nord-est, l'océan Indien au sud-est et l'océan Atlantique à l'ouest. Depuis l'accession à l'indépendance du Soudan du Sud en 2011, l'Afrique compte 54 États souverains. Du point de vue géographique, l'Afrique chevauche l'équateur et englobe de nombreux climats : tempérés au nord et au sud, chauds et désertiques le long des tropiques, chauds et humides sur l'équateur. En raison de la rudesse des saisons sèches, de la montée de la désertification et de l'aggravation des problèmes d'irrigation d'un côté, et en raison du manque de précipitations régulières, de glaciers ou de systèmes montagneux aquifères de l'autre, il n'y existe pas de moyens de régulation naturel du climat à l'exception des côtes.

Du point de vue de l'institutionnalisation, « le continent africain n'a pas attendu le XXe siècle pour connaitre des formations étatiques : son passé est tissé par l'histoire d'empires, de royaumes, de cités-États. Toutefois, leurs territoires n'avaient pas les configurations des États contemporains »[169]. En effet, les États africains contemporains « sont issus du partage de l'Afrique que les

[169] D'ALMEIDA-TOPOR (Hélène), *Naissance des États Africains*, précité, p. 08.

Européens effectuèrent dans les trois dernières décennies du XIXe siècle. Ils sont donc, à peu d'exceptions près (l'Éthiopie, le Liberia), héritiers de la colonisation européenne »[170]. De façon générale, on peut constater que l'État y a généralement précédé la Nation, l'adéquation entre les deux (02) étant rare[171], et que les indépendances des États africains se sont effectuées sur plusieurs décennies[172].

Au-delà de la variété de ses paysages, la diversité de ses sociétés et de ses organisations, la spécificité de ses cultures comme des défis qu'elle affronte[173], l'Afrique, dans cette dimension d'unité, correspond finalement à « une approche globale de l'Afrique, des caractères fondamentaux de son peuplement, de son lourd passé historique, de ses civilisations et des défis qu'elle affronte aujourd'hui »[174].

*L'Afrique dans sa dimension de diversité c'est « les Afriques »*[175], encore appelée *« l'Afrique diverse »*. Cette perspective rejoint les travaux du projet de recherche stratégique « Futurs africains », perspective justement relayée par son Coordonnateur Alioune SALL lorsqu'il affirme qu'« il y a autant d'Afrique que d'États »[176]. Cependant, si cette perspective plurale et plurielle permet généralement de mettre en valeur la diversité géographique, géologique, écologique, sociale et culturelle du continent,

---

[170] *Idem.*
[171] *Idem.*
[172] *Ibid*, p. 11.
[173] PELISSIER (Paul), « Une Afrique plurielle », *in Cahiers d'outre-mer*, N° 192 – 48e année, Togo – Bénin, Octobre-décembre 1995, p. 06.
[174] *Ibid.*, p. 03.
[175] MWANA MALUKU, « Le monde vu de Poto-Poto », *Géopolitique Africaine*, op. cit., 07.
[176] Alioune SALL, « Présentation d'une réflexion collective », *in Afrique 2025. Quels futurs possibles pour l'Afrique au sud du Sahara ?*, op. cit., p. 18.

la variété des cheminements politiques et des situations économiques des États qui le composent[177], elle masque difficilement le fait que l'Afrique est aussi travaillée par une diversité de perceptions, d'approches et de compréhensions. D'abord parce que les Afriques c'est avant tout l'Afrique et ses diasporas, en d'autres termes l'Afrique dans une dimension humaine de la migration de ses peuples et de la circulation de ses ressortissants. Évidemment, si la diaspora africaine désigne la partie de la population mondiale qui résulte, d'une part de la déportation de personnes d'Afrique subsaharienne à l'époque des traites négrières et de leurs descendants à travers le monde, et du phénomène d'émigration d'autre part, l'expression « les Afriques » exprime donc aussi l'Afrique à partir des lieux de situations de ses diasporas et parfois des afro descendants.

C'est ensuite l'Afrique envisagée dans ses deux (02) grands ensembles à partir du Sahara, c'est-à-dire l'Afrique au Nord du Sahara[178] et l'Afrique au Sud du Sahara. Et même si dans l'esprit des pères fondateurs de l'Union Africaine « le Sahara n'est pas une frontière, mais un trait d'union »[179], il est somme toute constant que ces deux (02) Afriques sont généralement analysées de manière distincte, politiquement comme scientifiquement, et rares sont en effet les recherches consacrées à l'Afrique qui intègrent ces deux (02) espaces dans une analyse commune[180].

Mais l'expression « les Afriques » désigne le plus souvent l'Afrique considérée à partir de ses cinq (05)

---

[177] PELISSIER (Paul), « Une Afrique plurielle », *op. cit.*, p. 02.

[178] C'est l'Afrique du Nord, davantage méditerranéenne et/ou arabo-musulmane.

[179] Alioune SALL, *op. cit.*, p.18.

[180] STECK (Jean-Fabien), REVEYAZ (Nathalie), « Afrique(s) : dynamiques régionales. Cadrage et problématiques générales », *Géoconfluences,* ENS – Lyon, 2017, p. 03.

grands ensembles régionaux, depuis le découpage de l'Organisation des Nations Unies (ONU) qui identifie, outre l'Afrique du Nord, quatre (04) Afriques (occidentale, centrale, orientale et australe)[181]. C'est ce que certains ont appelé « les Afriques au Sud du Sahara »[182], sans toutefois que les critères de définition soient explicitement présentés[183]. Cette Afrique en cinq (05) est un continent présentant un visage véritablement contrasté. Au-delà des contrastes naturels[184] et humains[185], les plus importants sont ceux qui marquent tant les trajectoires économiques nationales que les expériences démocratiques des États.

Du point de vue économique, les États africains présentent un état de santé différent, avec d'un côté, des pays assiégés par la mal gouvernance, la corruption, le clientélisme et le népotisme, pris au piège par une pègre politique qui confond bien public et bien privé, enrégimente le secteur privé à des fins de conservation du pouvoir et de ses avenues, maintient le système de production dans l'archaïsme, faisant vivre leurs populations dans la misère la plus abjecte et abandonnant des équipements dans la vétusté et le délabrement. De l'autre côté, des pays en plein essor économique, portés par des secteurs privés florissants, un environnement des affaires favorable à l'expansion des activités économiques et garantissant la sécurité juridique des transactions, une industrialisation offensive, des infrastructures et des équipements en constante modernisation.

---

[181] *Idem.*

[182] DUBRESSON (Alain), MARCHAL (Jean-Yves), RAISON (Jean-Pierre), *Les Afriques au Sud du Sahara*, Paris : Berlin – Reclus, 1994.

[183] STECK (Jean-Fabien), REVEYAZ (Nathalie), *op. cit., p.03.*

[184] Positionnement géographique et géostratégique, spécificités climatiques et géologiques.

[185] Différences démographiques en l'occurrence.

Du point de vue politique, outre la multiplication des expériences démocratiques, des réformes constitutionnelles et institutionnelles conformes à l'idée et à la pratique de la démocratie et la bonne gouvernance, l'Afrique donne de voir des fragiles hémisphères démocratiques dans la grande nuit noire des monocraties et des dictatures qui parasitent plus des 4/5e des États africains.

*L'Afrique dans sa dimension de complexité c'est également « l'Afrique »*, également dénommée *« l'Afrique complexe »*. Un continent enrichi et porté par sa diversité et ses spécificités nationales, perçu à travers son universalité et ses particularismes, et qui se retrouve sur des questions qui lui sont essentielles : sa quête d'identité ; l'affirmation de son originalité et de ses spécificités, la détermination de sa place dans le monde, son rôle de point d'équilibre de la mondialisation, sa vocation de continent d'avenir. C'est une Afrique qui ne peut nier la fragilité des démarches nationales dans les rapports de force internationaux et l'impératif de son unité politique[186] et économique[187] pour peser dans les grands débats mondiaux. Cette Afrique-là doit parler d'une seule et même voie pour construire son leadership. C'est cette Afrique-là qui est lue, analysée, prise en compte par certains comme un monde à la dérive, condamné à la régression, défi à l'intelligence humaine[188] occidentale sur qui on peut tout expérimenter : des institutions, des programmes, des théories et des concepts, et même au besoin des vaccins. Pour l'européocentrisme et

---

[186] Les États-Unis d'Afrique ou tout autre projet équivalent de gouvernement panafricain.

[187] Par la constitution d'un marché régional commun et intégré et d'une union économique garantissant la libre circulation des personnes, des biens et des facteurs de production, portés par des institutions communautaires et la mise en commun des infrastructures qui deviennent dès lors transfrontières et transcontinentales, autrement dit, d'intégration.

[188] *Afrique 2025*, op. cit., p.27.

sa vision fantasmée du continent, c'est évidemment l'Afrique de l'altérité radicale, l'Afrique de la différence absolue, un univers informe dénué d'histoire, de raison et de futur. C'est cette Afrique-là qui doit se libérer, s'affranchir, s'émanciper de la tutelle malfaisante des autres, pour penser librement et se penser comme entité singulière responsable de ses choix, de son avenir et de son accomplissement.

### B. Économie

Si l'économie en tant que mode de gestion et science sociale n'est pas étrangère à l'Afrique, étymologiquement le mot « économie » tel qu'il s'est imposé vient du grec *oïkonomia*, de *oïkos*, qui signifie la maison, et de *nomos*, la loi, les règles, désignant les règles de conduite de la maison. Il s'agissait donc de la science de la vie domestique privée, par rapport à la politique dont l'objet était la gestion de la cité[189].

D'emblée, il convient de relever que « le terme économie est ambigu »[190]. Il désigne à la fois, premièrement, la réalité économique (on peut parler de l'économie camerounaise par exemple), deuxièmement, un système économique (tel que l'économie capitalisme), troisièmement, l'analyse économique dans son ensemble (étudier l'économie par exemple), quatrièmement, une théorie économique (l'économie de l'offre ou l'économie de l'investissement à titre d'illustration)[191]. Le terme

---

189 CAPUL (Jean-Yves), GARNIER (Olivier), *Dictionnaire d'économie et de sciences sociales*, Nouvelle édition augmentée, Paris, Hatier, 2015, p. 165.

190 BEITONE (Alain), CAZORLA (Antoine), DOLLO (Christine), DRAI (Anne-Mary), *Dictionnaire des sciences économiques*, Paris, Armand Colin/Vuef, 2001, p. 142.

191 *Idem.*

économie a donc pour corrélats les expressions : théorie économique, économie politique et science économique[192].

Comme science, l'économie se réfère à la science économique, qui désigne l'ensemble des connaissances objectives se rapportant aux activités de l'homme ayant pour finalité la satisfaction de ses besoins[193]. Mais il faut dire que si le terme tend aujourd'hui à s'imposer, dans un domaine où l'on a d'abord parlé d'« économie politique » puis d'« économique », la définition de la science économique est restée longtemps controversée, au point que certains auteurs lui ont contesté le caractère de science[194]. En effet, au 19e siècle le terme « économie politique » est employé pour désigner la discipline qui a pour objet l'étude des questions économiques (production, répartition, échange) et dont les grandes figures sont entre autres David RICARDO (1772 – 1823), Karl MARX (1818 – 1883) ou encore Léon WALRAS (1834 – 1910)[195]. Analysant l'objet de l'économie politique, Jacques WOLFF la définit comme « la science des choix »[196], la science qui étudie le comportement humain en tant que relation entre les fins illimitées et les moyens rares à usages alternatifs[197].

Cependant, l'économie politique, qui marque le lien de la discipline économique avec les choix politiques (c'est-à-dire les choix sur les valeurs ou choix éthiques), est

---

192 *Idem.*

193 BERNARD (Yves), COLLI (Jean-Claude), *Vocabulaire économique et financier, anglais, allemand et espagnol*, 7e édition, Paris, Édition du Seuil, avril 1998, p. 505.

194 *Idem.*

195 BEITONE (Alain), CAZORLA (Antoine), DOLLO (Christine), DRAI (Anne-Mary), *Dictionnaire des sciences économiques*, op. cit., p. 145.

196 WOLFF (Jacques), *Les pensées économiques*, Paris, Economica, 1993, pp. 78-79.

197 *Ibid., pp.78-79.*

progressivement critiquée et quasiment abandonnée, en l'occurrence par les économistes libéraux[198]. Il convient de préciser que c'est la publication du livre Lionel ROBBINS, économiste anglais de la *London School of Economics*, intitulé *Essai sur la nature et la signification de la science économique* en 1932 qui marque le tournant en faveur de l'expression « science économique »[199]. Nombreux sont donc les économistes libéraux qui distinguent la politique (qui concerne les fins et relève l'importance des valeurs) et la science économique (qui porte sur le choix des moyens). Toutefois, l'expression économie politique connait un nouveau regain avec la crise actuelle du libéralisme, qui favorise de nouveau son usage tant par les auteurs marxistes et radicaux que par des libéraux comme Gilbert ABRAHAM-FROIS ou Edmund PHELPS[200].

Et si l'économie désigne plusieurs réalités[201], dans le présent propos, et dans une perspective transversale, elle sera entendue, d'une part comme la manière dont les individus, les groupes, les sociétés utilisent des ressources rares en vue de satisfaire au mieux leurs besoins[202], d'autre part, comme une science sociale ayant pour objet l'étude de la production, de la répartition, de la distribution et de la consommation des biens et services rares[203].

---

198 BEITONE (Alain), CAZORLA (Antoine), DOLLO (Christine), DRAI (Anne-Mary), *Dictionnaire des sciences économiques*, op. cit., *p.142.*

199 *Idem.*

200 *Ibid.*, p. 157.

201 L'économie est à la fois (1) ce qu'on épargne (faire des économies) ; (2) la qualité d'une personne économe, (3) la science qui étudie les mécanismes de l'économie (science économique), (4) l'ensemble des activités d'une collectivité humaine relatives à la production, à la distribution, à la commercialisation et à la consommation des biens et richesses ; le système régissant ces activités (économie libérale).

202 *Idem.*

203 *Idem.*

Dans une logique articulée autour, d'une part de l'idée de décolonisation de la pensée africaine, d'autre part d'invention d'un système et d'un modèle d'économie africain, l'appréhension de l'économie dépasse de toute évidence les dimensions matérielle et cognitive qu'elle intègre entièrement dans une perspective à la fois métaphysique, cosmique, cosmologique et philosophique. En réalité, le dire oblige de tirer un certain nombre de conséquences.

La première série de conséquences est d'ordre systémique et matériel. Dans cette veine, le « bien » utilisé et « la ressource » générée et gérée, envisagés tous deux (02) dans la définition primaire de l'économie, constituent une partie intégrante de l'univers. Ce dernier qui constitue le bien et la ressource par excellence, parce que l'univers est à la fois la partie et le tout. L'économie est du point de vue structurel une maison commune, un monde en commun, un univers en partage. Du point de vue systémique, l'économie doit être constituée de parties complémentaires faisant un tout intégré, cohérent et homogène. Dans sa dimension de science, l'économie africaine doit impérativement dépasser en l'intégrant, *« la vie domestique privée »*, en se situant impérativement au niveau de la *« polis »* et de la *« cité »*, dans les trois (03) déclinaisons de cette dernière, locale, régionale et mondiale. Il y a là une double dimension du dedans et du dehors, du public et du privé, du national et de l'international. Une dimension totale, totalisante aussi.

La deuxième série de conséquences est d'ordre normatif, le *« nomos »*. En effet, cette perspective totalisante de l'économie saisie comme univers, structure et système, oblige une translation des règles de fonctionnement de l'univers et du cosmos dans la sphère économique *stricto sensu*. L'Afrique ne peut véritablement penser l'économie en dehors des lois de son univers, de son *cosmos*. En d'autres termes, les lois de l'univers et du cosmos inspirent les lois économiques. Cela exige de considérer au moins trois (03) principes de vie : le principe de causalité[204], le principe de raison suffisante[205] et le déterminisme général des univers et des êtres macroscopiques.

La troisième série de conséquences est d'ordre fonctionnel. Elle adresse la dimension utilitaire de la pensée, du système, de l'action, de l'activité économique et du bien économique, en même temps qu'elle propose des réponses aux questions ci-après, entre autres : que gère-t-on ? Pour qui gère-t-on le bien ou la ressource ? Comment gère-t-on le bien ou administre-t-on la maison ? Pour qui et à quelle fin administre-t-on la maison ? La réponse est évidente : c'est pour l'homme que l'on gère et/ou administre, c'est-à-dire qu'on gère ou administre pour la vie, valeur suprême, finalité et raison de toute chose. Cette perspective, métaphysique, mythique et mystique finalement, a pour conséquence la nécessaire hominisation, humanisation et moralisation de l'économie, de son système, de son modèle, de ses lois, de ses structures et mécanismes qui ne peuvent se penser que dans l'intérêt de l'homme et de sa vie. François FURET s'inscrit dans cette vision lorsqu'il suggère que « si l'économie est une activité intellectuelle et un savoir abstrait, elle peut tirer aussi, de la morale, des impératifs, et du spectacle du monde, des fins »[206].

Cette perspective est d'autant plus pertinente que l'économie est aussi « une épargne ». Faire donc de l'économie dans cette trajectoire idéelle c'est assurer le

---

[204] Rien ne naît de rien, tout a une cause.

[205] Rien n'existe sans raison.

[206] François FURET, Préface du livre de HIRSCHMAN (Albert O.), *L'économie comme science morale et politique*, Hautes Études, Gallimard/Le Seuil, Éditions du Seuil, mai 1984, p. 08.

caractère durable, permanent, voire perpétuel du bien qui n'est autre que le monde, l'homme, la nature, l'environnement immédiat de l'homme, en un mot la vie. En d'autres termes, *« l'économie est l'épargne de la vie »*, l'économie est le système, le régime, l'école, la science de la préservation durable de la vie. Faire de l'économie c'est épargner, protéger et préserver la vie. Penser l'économie c'est formuler des propositions de philosophie, de systèmes, de régime, de techniques et de mécanismes innovants qui cultivent, ensemencent, ébourgeonnent et perpétuent la vie ; c'est imaginer et inventer des solutions opératoires qui garantissent la permanence de la vie, dans l'optique souhaitable « d'une refondation de la communauté des humains en solidarité avec l'ensemble du vivant »[207].

---

[207] MBEMBE (Achille), *Brutalisme*, La Découverte, édition de 2020, p. 04.

# CHAPITRE II :

# LES ENJEUX D'UN PROJET PHILOSOPHIQUE ET POLITIQUE DE DÉCOLONISATION

> *« Or nous, Africains, n'avons d'autres choix en cette fin de séquence historique, ce commencement du XXIe siècle, que de bâtir notre destin, c'est-à-dire de prendre en charge notre voie/voix, d'être les acteurs de nos mouvements, le moteur de notre démarche et la boussole de notre horizon »*[208], **Stanislas Spero ADOTEVI**.

En Afrique aujourd'hui, à l'analyse, la pensée, en tant que processus, instrument et résultat de prise en charge psychique (par l'étude, la compréhension, la création et l'action) de la réalité, apparaît comme colonisée par la pensée occidentale, du moins sous son emprise évidente, en l'occurrence dans le domaine de l'économie, celle-ci appréhendée ci-dessus à la fois comme manière d'utiliser des ressources nécessaires à la vie d'une communauté et science de la production, de l'allocation des ressources et de la consommation des biens.

L'Afrique semble en effet souffrir d'un important déficit de pensée à même, d'une part, de favoriser l'avènement d'une conception endogène de la vie, du vivant, de

---

208 ADOTEVI (Stanislas Spero), « L'avenir du futur africain, GASSAMA (Makhily) (dir.), *50 ans après, quelle indépendance pour l'Afrique ?*, Philipe Rey, Paris, 2010, p. 24.

l'humain, de la société et du progrès, d'autre part, de fonder la production de ses propres représentations de l'être, de l'avoir et de la vie, et ses propres métaphores tant du passé, du présent que du futur, à même d'inspirer l'élaboration d'un projet authentique de société et de civilisation. Les récits de la quotidienneté africaine semblent prisonniers de la double dialectique perpétuelle de l'enchantement et du désenchantement, de l'espoir déçu et du désespoir vécu, quelquefois vaincu, qui décrivent, représentent ou projettent notre continent soit en de termes optimistes, soit en de propos pessimistes, sans généralement rassurer d'une objectivation prenant source, de manière effective, dans sa réalité quotidienne, et du point de vue intellectuel, dans une trajectoire épistémologique identifiable.

Ce déficit de pensée, assimilé par certains à une crise de la rationalité[209], fait subir à l'Afrique, outre l'impérialisme des clichés, la verticalité des modèles dominants, la dictature à la fois du prêt-à-penser, du prêt-à-porter, du prêt-à-être, mais aussi celle des programmes, des projets en dissidence avec ses valeurs et sa réalité de tous les jours. Cette aliénation avilissante s'exprime aussi à travers la domination des concepts empruntés de l'épistémè d'autres civilisations. La pensée africaine de l'économie, en l'occurrence la pensée développementaliste traduit et reflète, à suffisance, ce déficit à travers par exemple l'emprunt et la systématisation des concepts fondamentaux de l'épistémè occidentale que sont : développement, croissance économique, émergence économique, entre autres, ontologiquement empreint d'économisme, fortement articulés au néolibéralisme et foncièrement en déphasage avec les valeurs de l'Afrique, sa cosmogonie, sa propre conception de la vie, du vivant et du monde.

---

[209] Voir ELA (Jean-Marc), *Recherche scientifique et crise de la rationalité*, Livre I, L'Harmattan, 2007.

Par ce propos, nous ne proposons pas qu'un projet philosophique, mais aussi politique, dans la mesure où la pensée, plus globalement la connaissance, le savoir, la science, sont une question de pouvoir, de conception du pouvoir, de rapport de pouvoir, de rapport au pouvoir et de l'usage du pouvoir. La connaissance est un pouvoir. Le savoir constitue une arme qui peut être utilisée tant pour servir et affranchir, que pour desservir et asservir. Au-delà de l'impératif de changer le narratif sur nos corps, nos êtres, nos sociétés, notre peuple et notre continent, sur notre histoire, notre passé, notre futur, notre avenir et notre devenir, il s'agit davantage et finalement d'en prendre le total contrôle. Par voie de conséquence le premier enjeu de ce double projet philosophique et politique est intellectuel, il consiste à énoncer des pistes de réflexion pour un nouveau départ de l'Afrique **(I)**, le second enjeu est pratique, c'est-à-dire opérationnel, et vise à donner au continent les clés de son indépendance **(II)**.

## I. L'ENJEU INTELLECTUEL : ÉNONCER DES PISTES DE RÉFLEXION POUR SORTIR DE LA GRANDE NUIT[210]

Discuter de l'enjeu intellectuel d'un tel projet suppose, *in limine litis*, de partager le sens que nous donnons au terme « intellectuel » et au rôle de celui qualifié comme tel, sans revenir sur les débats historiques qui ont accompagné la vulgarisation du concept sous d'autres cieux, en l'occurrence en France au moment de l'affaire Dreyfus[211] **(A)**. Après quoi, nous essayerons de préciser les termes intellectuels de cette entreprise de décolonisation **(B)**.

---

[210] MBEMBE (Achille), *Sortir de la grande nuit. Essai sur l'Afrique décolonisée*, op. cit., p.18.

[211] WINOCK (Michel), *Le siècle des intellectuels*, Éditions du Seuil, 1997, 1999.

### A. L'être, le statut et le rôle de l'intellectuel africain dans le processus de décolonisation

Le rôle de l'intellectuel africain est capital aujourd'hui pour penser une Afrique nouvelle, débarrassée des oripeaux et des fantômes de la colonisation. Ce rôle est fondamental, car « face à l'absence de forces sociales internes capables d'imposer, au besoin par la force, une transformation radicale des rapports sociaux et économiques, il est nécessaire d'imaginer d'autres voies pour une possible renaissance »[212]. L'intellectuel, parce qu'il est un « manipulateur de symboles »[213] et un « producteur d'idées »[214] et de concepts, ne peut justement faire l'économie d'aucune réflexion. Tout sujet est un objet de pensée, qui plus est un sujet dont l'objectivation, la problématisation et le traitement, en termes de solutions opératoires, conditionnent la compréhension du sens d'une existence et l'accomplissement du destin d'une communauté. Le rôle social de l'intellectuel réside dans son obligation de porter la lumière dans les lieux gagnés par les ténèbres, d'éclairer la multitude pour la délivrer des chaînes de l'ignorance et de l'obscurantisme, et dans le contexte actuel de l'Afrique, il demeure « le seul susceptible de décrypter la réalité, d'organiser le procès de significations, et de tracer la voie royale vers le développement économique et la justice sociale »[215].

L'intellectuel par excellence c'est la pensée, et toute pensée est l'expression de la liberté. Qu'il s'agisse de la pensée entendue, premièrement comme activité de l'esprit,

---

[212] MBEMBE (Achille), *Sortir de la grande nuit*, op. cit., p. 27.

[213] COHEN (Daniel), *Richesse du monde, pauvretés des nations*, Flammarion, 1997, p. 59.

[214] *Idem.*

[215] DIOUF (Mamadou), « Le clientélisme, la "technocratie" et après ? », DIOP (Momar-Coumba), *Sénégal. Trajectoires d'un État*, Dakar/Codesria, 1992, p. 02.

faculté de raisonner, action de réfléchir, deuxièmement comme le résultat ou le produit de ces dynamiques, en termes d'idée, d'opinion, d'intellect, d'intelligence, de réflexion ou de jugement. Qu'il s'agisse de la liberté perçue comme pouvoir d'agir sans contrainte intérieure ou extérieure, état d'une vie dégagée de toute contrainte, ou encore faculté de choisir, de s'affirmer et de s'autodéterminer. Qu'il s'agisse d'une liberté *« libre »*, dans l'absolu ou la relativité, ou d'une liberté *« captive »*[216], totalement ou avec aménagement de peine. Et quand bien même l'être serait captif, prisonnier d'une illusion ou d'un mythe, ployant sous le joug d'une chimère, toujours la pensée, dans son essence rebelle et vagabonde, s'affranchit des contingences de la matière et de l'immatériel, du temps et de l'espace, parce que la pensée est vie et expression de vie. Toute pensée est donc libre, parce que la pensée est folle, quelquefois frivole même, mais toujours indocile, rebelle, insurrectionnelle, indomptable.

Mais attention ! Le dire n'est pas nier les contraintes extérieures qui peuvent hypothéquer cette liberté inhérente et consubstantielle même à la pensée, bien que ces contraintes ne puissent y parvenir indéfiniment. Le dire n'est pas ignorer, ni les pré-conditions de cette liberté, ni les conditions et reconditions de sa réalisation, encore moins les effets de la pensée dont le feedback peut en influencer, d'une certaine façon, l'expression, l'objet pensé et de la pensée, de même que le sujet pensant. La liberté est l'essence même de la pensée, sa force motrice, sa quête permanente et sa finalité ultime.

L'intellectuel est un sujet libre et sans cette liberté il ne peut affranchir personne, pas même sa propre personne évidemment. Il est une liberté qui transmet, à ses

---

[216] On peut en effet embastiller le corps du sujet qui pense, mais difficilement sa pensée, dans toute la complexité du concept.

contemporains et ceux qui viendront, l'amour de la liberté et son caractère sacré. Pour être totalement libre, il doit s'affranchir de lui-même, c'est-à-dire des contraintes de sa matière et la corruption de son esprit. Il doit accepter la contradiction, tolérer la contestation, s'obliger à des remises en question permanentes, et pardonner l'impréparation éventuelle de la société à recevoir sa pensée[217]. Parce qu'un intellectuel est par essence un sujet libre, il ne peut donc qu'être à l'aise avec la liberté des autres, et tolérer les modalités de ses expressions. Il ne peut que protéger, préserver et promouvoir la liberté des autres, qui vivifie et amplifie sa propre liberté. Un tel sujet est effectivement libre, et aucune captivité ne peut profaner cette liberté, coulée dans le roc de son esprit, forgée dans l'airain de son âme. Il n'est prisonnier d'aucune autre ambition que d'affranchir les hommes. Il s'abstient des compromissions, des petits arrangements de classe, des ententes mesquines de castes et des positions de pouvoir. Il doit être libre de penser, libre de dire, libre de contester, libre de remettre en question, libre de remettre en cause et « d'organiser le procès des significations »[218]. Il doit être libre d'oser, de poser, de proposer. Il doit être libre d'essayer, d'innover, d'inventer. Il doit être libre de se renouveler et de s'affranchir des appareils idéologiques, épistémologiques, théoriques et logiques empruntés à d'autres systèmes de pensée, à d'autres sociétés, à d'autres aires culturelles, à d'autres lieux et cieux de production de la connaissance et des savoirs.

---

[217] KAMTO (Maurice), « L'utilité des savoirs scientifiques », propos d'ouverture de la *« Journée de réflexion en hommage au Professeur Roger Gabriel NLEP »*, 28 avril 2004, ESSTIC, *in Revue africaine des sciences juridiques*, Université de Yaoundé II, Vol 4, N° 1, 2007, pp. i-vi.

[218] DIOUF (Mamadou), « Le clientélisme, la "technocratie" et après ? », *op. cit.*, p. 02.

Évidemment, tout intellectuel s'engage, parce que l'intellectuel c'est l'engagement ! Cet engagement peut revêtir plusieurs formes, certaines mobilisant autour des causes plus que d'autres, les unes impactant plus que d'autres la vie de leurs contemporains. Ce sont, entre autres, les sit-in, les grèves, les marches, les actions coup de poing, les plaidoyers, les plaintes, les lobbyings, le militantisme social, culturel et/ou politique, la communication des mobilisations, l'enseignement révolutionnaire, mais surtout la pensée philosophique, politique, stratégique (celle qui pense l'action, suscite l'action, prépare l'action et le changement, questionne et évalue l'action et ses résultats), entre autres. L'intellectuel s'engage évidemment parce que « sa fonction est éminemment politique »[219], bien que « parfaitement marginale par rapport à l'organisation sociale »[220] et des autres forces sociales qui travaillent à combattre, sinon à instrumentaliser, son magistère social, culturel et politique. À la suite de François CHÂTELET, l'intellectuel peut être « une parure, une médiation ou un catalyseur »[221]. Mais dans un contexte d'embastillement, il ne peut être autre chose qu'un catalyseur du changement.

Cet engagement, il faut le dire avec insistance, ne peut être qu'humanisant, recherchant le bonheur de l'être humain, son accomplissement en tant que projet philosophique inabouti, et défendant sa liberté comme condition de sa réalisation. Cet engagement ne peut être sectaire même lorsqu'il est partisan, il doit éviter autant que possible d'être violent même lorsqu'il est contestataire, il ne peut être intolérant même lorsqu'il est radical. Cet

---

219 TOBNER (Odile), « Les intellectuels français et l'Afrique. II- Dans le champ idéologique : Sartre », MONGO BETI (dir.), *Peuples Noirs – Peuples Africains*, Revue bimestrielle, éditions des Peuples Noirs, Paris, L'Harmattan, N° 14 mars-avril, 2e trimestre 1980, p. 11.
220 *Idem.*
221 Cité par Odile TOBNER.

engagement a pour cœur de métier l'Homme, son accomplissement et sa réalisation, et doit impliquer en permanence « une référence à l'universel »[222]. Et l'homme c'est l'homme, quels que soient sa couleur et son sexe, sa tribu et sa religion, son origine et sa langue, ses appartenances associatives et ses allégeances politiques et idéologiques. C'est pour cet homme-là qu'il faut impérativement s'engager, dans une société mondiale devenue perméable à la noirceur de notre siècle.

C'est là le rôle de l'intellectuel, et davantage de l'intellectuel africain, produit d'une société qui se cherche et se perd. C'est là le rôle de l'intellectuel africain qui doit aujourd'hui plus qu'hier, dans ce grand tumulte de la fin des temps, dans cette époque qui ressemble au temps de l'apocalypse, décider du narratif de l'Afrique, c'est-à-dire penser le sens du présent, de l'avenir et le devenir de l'Afrique et des Africains. Il a l'impérieux devoir de s'investir, pour reprendre Hélène TOPOR D'ALMEIDA, à « la déstabilisation de l'ordre ancien »[223] et à l'invention d'un ordre nouveau[224], en favorisant l'avènement d'utopies et d'imaginaires nouveaux, mais aussi en inventant des solutions à même de précipiter « la fin des empires coloniaux »[225] psychologiques et physiques, immatériels et matériels qui limitent la marge de manœuvre de l'Afrique.

Ce contexte génère de la peur. Et au constat, les Africains, dans leur immense majorité, vivent aujourd'hui dans une peur grandissante du futur. Kasereka KAVWAHIREHI remarque d'ailleurs que leur « angoisse

---

[222] François FURET, préface au livre de HIRSCHMAN (Albert O.), *L'économie comme science morale et politique*, Hautes Études, Gallimard/Le Seuil, éditions du Seuil, mai 1984, p. 08.

[223] D'ALMEIDA-TOPOR (Hélène), *L'Afrique du 20e siècle à nos jours*, 4e édition, p. 162.

[224] MAKON (Richard), *Le leadership en Afrique*, op. cit.

[225] D'ALMEIDA-TOPOR (Hélène), *op. cit.*, p. 213.

du futur devient plus tenace encore lorsqu'on réalise que ceux qui devraient résister, faire barrage par conséquent à la tentation barbare de réification, les intellectuels, ont renoncé à leur mission de critiquer les idéologies claudicantes et de penser le changement social en redonnant toute son importance à l'intelligence sociale »[226]. Soit ces intellectuels se sont laissé transformer en ouvriers au service d'une gouvernance politique sans vision et ont fini par se confectionner une morale de zombie[227], soit « ils se sont réfugiés dans un langage ésotérique, où les mots étant comme en exil, suspendus en l'air, les nient comme des êtres-dans-le-monde »[228]. Dans cette configuration, la pensée africaine démissionnaire semble laisser le champ libre aux discours pervers de la globalisation néolibérale. Or, une pensée qui se veut pensée du futur[229] et de l'émancipation doit en permanence s'interroger sur sa fonction sociale, son utilité pratique, de même que sur les conditions de son articulation avec les aspirations des peuples, les luttes et pratiques de résistance et résilience de l'environnement, d'autant plus si ces aspirations, luttes et pratiques sont tenues pour socialement négligeables, mineurs et subalternes, dans un système de rapports de force en défaveur de notre société[230]. Dans une perspective technico-pratique, toute pensée du futur se doit d'être anticipative, ce d'autant plus que, d'une part, « l'avenir n'arrive pas de lui-même, il faut aller à sa rencontre »[231], d'autre part, et c'est une constance, « l'avenir se décline

---

[226] KAVWAHIREHI (Kasereka), *Y'en a marre ! Philosophie & espoir social en Afrique*, op. cit., p. 13.
[227] *Idem.*
[228] *Idem.*
[229] *Ibid.*, p. 15.
[230] *Ibid.*, p. 16.
[231] Alioune SALL, « Présentation d'une réflexion collective », *in Afrique 2025. Quels futurs possibles pour l'Afrique au sud du Sahara ?*, op. cit., p. 12.

toujours au pluriel »[232]. C'est à ce titre qu'Alioune SALL relève que les continents, les nations, comme les entreprises d'ailleurs n'ont aujourd'hui de chance de progresser qu'en pensant et en mettant en place « un système d'anticipations des changements, de gestion de l'incertitude, de traitement de la complexité, de collecte et d'analyse des informations stratégiques susceptibles d'avoir un impact sur les opportunités futures »[233].

Jean TABI MANGA, analysant « les crises de la conscience africaine à la lumière de l'espérance de la renaissance, de l'émergence et de la modernité »[234], constate que cette « conscience africaine a été durablement marquée par la souffrance, le viol et les campagnes de dépersonnalisation »[235]. Tirant toutes les conséquences de ce constat, pour s'affranchir des handicaps engendrés par cette dépersonnalisation, la pensée africaine n'a d'autres choix que de se départir des schémas mentaux de domination et d'impuissance qui jusqu'à présent l'ont gouverné et travesti[236]. Cette pensée-là doit travailler à vaincre « l'infirmité révolutionnaire, l'impotence et l'inorganisation des forces sociales internes »[237] du continent. Si l'on s'accorde que la décolonisation est une expérience de renaissance[238], d'émergence[239] et de

[232] *Idem.*

[233] *Idem.*

[234] TABI MANGA (Jean), *Des voix… à la voie du temps. Variations sur la Renaissance, l'Émergence et la Modernité africaines*, Éditions SOPECAM, Yaoundé, 2014, p. 17.

[235] *Ibid.*, p. 22.

[236] TOBNER (Odile), « Les intellectuels français et l'Afrique. II- Dans le champ idéologique : Sartre », *op. cit.*, p. 28.

[237] MBEMBE (Achille), *Sortir de la grande nuit. Essai sur l'Afrique décolonisée*, op. cit., p. 26.

[238] TABI MANGA (Jean), *op. cit.*

[239] *Idem.*

soulèvement[240], « une telle pensée devrait être un mélange d'utopie et de pragmatisme. Elle devrait être, de nécessité, une pensée de ce qui vient, de l'émergence et du soulèvement »[241]. En tout état de cause, la pensée de la décolonisation doit se poser et s'imposer comme « une pensée vigoureuse, qui ne se contente pas de se chatouiller avec les poncifs de la pensée dominante, même repeints à neuf couleurs d'émancipation, mais [qui] vienne d'une façon "inouïe" déconcerter l'appareil idéologique de l'asservissement »[242].

Le rôle social de l'intellectuel est donc majeur dans ce « contexte favorable à l'idée d'émancipation »[243], et dans cette époque cruciale pour les peuples africains en lutte pour leur liberté[244].

### B. Les termes intellectuels de la décolonisation de la pensée

Parler des termes intellectuels de ce projet revient à dire en quels mots nous entendons, parlons et discutons de la décolonisation de la pensée africaine de l'économie. C'est préciser notre position, qui ne devrait pas être qu'une posture intellectuelle ou politique, mais davantage une prise de partie raisonnée, s'appuyant sur une démonstration argumentée et documentée. Cette précision nous semble d'ailleurs fondamentale dans un contexte de regain des mobilisations diverses et plurielles pour une décolonisation effective du continent. Un contexte marqué par la multiplication, tant d'entreprises, de projets, d'actions, que

---

240 MBEMBE (Achille), *Sortir de la grande nuit. Essai sur l'Afrique décolonisée*, op. cit., p. 16.
241 *Ibid.*, p. 23.
242 TOBNER (Odile), « Les intellectuels français et l'Afrique. II- Dans le champ idéologique : Sartre », *op. cit.*, p. 17.
243 D'ALMEIDA-TOPOR (Hélène), *op. cit.*, p. 162.
244 KAVWAHIREHI (Kasereka), *op. cit., p.13.*

de discours se revendiquant, sous des formes d'expression intellectuelles et esthétiques diverses et plurielles, du projet authentique de civilisation de l'Afrique d'inspiration ou d'essence égypto-nubienne.

L'une des caractéristiques des plus partagées par ces diverses expériences et expérimentations philosophiques, politiques et intellectuelles, c'est le radicalisme farouche de leurs défenseurs, et l'irrédentisme fanatique de leurs partisans. Il n'y a qu'un seul projet de civilisation africaine et tout entreprise intellectuelle (connaissance, savoir, science) ou politique (projet politique, projet de gouvernement ou de société) qui n'a pas pour ambition de revenir et de restaurer, ou plutôt ressusciter, ce projet et ce pacte de civilisation hérités de l'Égypte antique, comme voie unique à suivre pour la réalisation et l'accomplissement du continent, est automatiquement discréditée, disqualifiée et jugée illégitime.

La logique des démonstrations de la réalité et de la pertinence de l'antériorité de la science et des savoirs africains, récupérés ou travestis par l'occident, est généralement implacable. L'égyptologie et l'anthropologie, entre autres, ayant mis à jour des découvertes fondamentales, incontestées et incontestables aujourd'hui, sur l'avancée scientifique millénaire de l'Égypte antique dont nombreuses innovations, techniques ou connaissances restent non décryptées, et leurs mystères, non encore élucidés[245].

Cependant, l'une des principales limites de ces courants de pensée est d'ignorer, ou du moins, de perdre volontairement de vue que la connaissance se construit par strates successives, et que les savoirs se constituent, se construisent, s'affinent, se consolident et progressent

---

[245] DIOP (Cheikh Anta), *L'unité culturelle de l'Afrique Noire*, Présence Africaine, Seconde édition, 1982, p. 198.

continuellement vers la vérité scientifique, dans un mouvement permanent d'avancées et de reculades, de certitudes et de tâtonnements, de succès et d'échecs sans renoncement, dont l'horizon et l'ambition sont de faire science[246]. La vérité scientifique n'est pas un promontoire sur lequel peut se jucher le chercheur, mais constitue un horizon intouchable, inatteignable, indépassable, une ambition sans limite ni fin qui, en même temps qu'elle donne à l'humanité une raison de quête perpétuelle de connaissance et de savoir, assure l'éternité de l'entreprise scientifique.

Dans cette trajectoire, la science égyptienne, même dénaturée, a été la pierre sur laquelle s'est posée la science grecque, arabe ou chinoise, chacune à son tour ou concomitamment, pour construire cet édifice scientifique universel qui se dresse majestueusement aujourd'hui devant nous. C'est la raison pour laquelle le séquençage de l'ADN du char de guerre américain contemporain révèlera des traces du char d'un pharaon égyptien, et ses coups de canon ne pourront faire oublier les catapultes enflammées de l'antiquité africaine. Il en résulte, *ipso facto*, une légitimité universelle qui autorise tous et chacun à revendiquer l'état actuel de la science mondiale, toute proportion gardée, et toute responsabilité dûment acceptée.

Dès lors, la décolonisation dont il s'agit ne consiste pas à ignorer la part respective de chaque civilisation dans la construction de cette tour de Babel épistémique, ni à nier l'imbrication des apports de chacune à la consolidation et la solidification de cet édifice. La science mondiale actuelle est à l'image d'un avion AIRBUS en cours d'assemblage dont les composants, depuis la vision et la préfiguration de

---

246 BACHELARD (Gaston), *La formation de l'esprit scientifique*, Bibliothèque des textes philosophiques, Librairie J. Vrin, édition de mai 2000, pp.89-90

l'ouvrage, les schémas initiaux, les matériaux d'origine (fer, aluminium, zinc, cobalt, caoutchouc, pétrole, gaz, bois, etc.), les techniques et les procédés, les pièces mécaniques, électriques, informatiques diverses, en brut, semi-fini ou fini, portent de manière directe ou indirecte, la signature des peuples et des intelligences de tous les États du monde, certes en proportion différente.

Cette décolonisation vise dès lors à la fois à identifier cet apport complexe, singulier ou collectif, à lui redonner de la lumière, à lui conférer de l'amplitude, à mettre chaque civilisation en capacité et dans les meilleures dispositions pour consolider cet apport qui lui est avant tout profitable, dans un état de liberté, d'indépendance, mais aussi d'interdépendance. On pense d'abord pour soi avant de penser pour autrui et pour le monde. On connait avant tout pour soi[247] avant de disposer sa connaissance au profit des autres. Notre science nous est utile en premier pour transformer notre vie et notre environnement, avant de s'emboiter au patrimoine scientifique commun de l'humanité.

Cet apport à l'univers des idées, contribution à l'universel fécond, transpire une identité, qu'elle soit de plus en plus métissée ne change rien à son existence singulière, et constitue une démarche non seulement d'identification, de positionnement et d'affirmation de chaque civilisation, mais aussi une tentative de réponses aux questions qui se posent à l'existence de l'homme, aux défis qui s'imposent à son intelligence. Sous ce rapport, la décolonisation serait à la fois « la volonté de savoir et le désir de singularité et d'originalité »[248].

---

[247] Voir Bible, Jean 8 : 32 : « Vous connaîtrez la vérité, et la vérité vous affranchira ».

[248] MBEMBE (Achille), *Sortir de la grande nuit. Essai sur l'Afrique décolonisée*, op. cit., p. 11.

Toute connaissance est située dans son origine, et elle ne peut être comprise dans son intégrité et son intégralité en ignorant son contexte d'extraction ou d'érection. Cela suppose, bien entendu, lever toute équivoque sur le caractère universel de la capacité humaine à penser, à philosopher. Malheureusement, la représentation de l'Africain dans l'imaginaire et le discours colonial hier, européocentriste et/ou postcolonial aujourd'hui, est celle d'une subjectivation impossible, d'une pensée impossible. S'en offusquant, Souleymane BACHIR DIAGNE nous fait remarquer qu'« il y a, en effet, dans ce que nous concevons comme l'histoire de la philosophie, "une invention" qui a eu lieu à l'aube du XIXe siècle et qui porte principalement le nom de Hegel : la philosophie serait le propre de l'Europe, son *telos*, sa destination. C'est dans ce cadre-là qu'a été inventée l'idée que la philosophie est née de rien : d'un "miracle" grec. Or il faudrait au contraire convenir que la philosophie n'a ni commencement ni lieu d'élection »[249].

La décolonisation dont il s'agit ici est avant tout une décolonisation épistémique, une décolonisation de la connaissance et des savoirs. C'est le lieu de reprendre à bon compte André COMPTE-SPONVILLE, à propos de la philosophie, lorsqu'il affirme que parler de la philosophie occidentale (ou de la philosophie africaine) « ne veut pas dire qu'il n'y en ait pas d'autres. Philosopher, c'est vivre avec la raison, qui est universelle. Comment la philosophie serait-elle réservée à quiconque (...). Que la philosophie soit exclusivement grecque et occidentale, je n'en crois rien »[250]. Il décline son contenu en poursuivant en ces termes : « la philosophie est questionnement radical, quête

---

[249] BACHIR DIAGNE (Souleymane), « La philosophie n'a ni commencement ni terre d'élection », in *Philosophie magazine*, « Qu'est-ce que la philosophie », n° 100, mai 2016.

[250] COMPTE-SPONVILLE (André), *Présentations de la philosophie*, Albin Michel, Livre de poche, Paris, 2002, p. 14.

de vérité globale ou ultime, création et utilisation des concepts, réflexivité, méditation sur sa propre histoire et sur celle de l'humanité, recherche de la plus grande cohérence possible, de la plus grande rationalité possible, construction, parfois, de systèmes, élaboration, toujours, de thèses, d'arguments, de théories »[251].

Le contenu ainsi décliné contient de nombreuses propositions permettant de conforter notre propos : la philosophie est un questionnement radical auquel rien n'échappe ; la philosophie est une quête inlassable de vérité ; la philosophie est utilisation et création de concepts (nos propres concepts, propres par création ou par appropriation) ; la philosophie est méditation sur notre propre histoire, sur celles des autres, sur celle de l'humanité, sur le sens de notre vie ; la philosophie est construction de système, recherche de cohérence, élaboration d'arguments, de thèses et de théories. Il est difficile de faire plus clair, *a fortiori* lorsque le philosophe conclut sur ce point : « toute philosophie est un combat. Son arme ? La raison. Ses ennemis ? La bêtise, le fanatisme, l'obscurantisme – ou la philosophie des autres »[252].

Notre philosophie a donc pour ''ennemie'' la philosophie des autres. Notre pensée a pour ''ennemi'' la pensée des autres. L'Afrique doit donc impérativement philosopher par elle-même, c'est notre « combat ». Elle doit refuser le dogmatisme de « la philosophie des autres », en pensant sa propre vie, en créant sa propre voie, en faisant entendre sa propre voix, en élaborant ses propres concepts, systèmes, thèses et théories. Refuser à l'Afrique le droit de le faire est une *« bêtise »*, nier sa capacité à le faire est faire preuve d'*« obscurantisme »*, s'y opposer c'est du *« fanatisme »*. Les intellectuels africains se doivent donc de

---

251 *Idem.*
252 *Ibid*, pp. 14-15.

construire un discours et un langage propres à l'Afrique et aux Africains, comme outils, à la fois, de réalisation de soi et de contribution à l'universel. Un discours qui s'émancipe des discours postcoloniaux et européocentristes, un discours qui récuse et évince la grammaire coloniale totalitaire, à travers sa conscience, sa mémoire, sa langue, son verbe, ses écrits, ses chants, ses actes et l'histoire de ses institutions[253]. Mais aussi, à travers son lexique, ses codes et ses significations, des artéfacts et des fétiches qui peignent tous l'africain comme un être lacunaire, imparfait, approximatif, insuffisant, incomplet, invalide et qui font du modèle occidental l'idéal à reproduire et à généraliser.

Il faut le marteler, « la prétention occidentale à récapituler le langage et les formes dans lesquelles l'évènement humain pourrait surgir, ou encore à exercer un monopole sur l'idée même du futur n'est qu'une fiction »[254], de même qu'est absurde cette attitude qui consiste, « en ce début de siècle, à tenir pour rien tout ce qui n'est pas de soi-même »[255]. L'enjeu intellectuel de notre projet est donc clair, inciter et encourager l'Afrique à philosopher par elle-même, c'est-à-dire à penser par elle-même, à développer ses propres connaissances et savoirs pour son propre bien et celui du monde. Mais pour y parvenir, l'intellectuel africain, à l'opposé de « l'intellectuel européen »[256], doit éviter « l'arrogance scientiste »[257] et le piège « des incertitudes de l'altérité culturelle et les extrapolations illusoires de résultats ou de

---

[253] MBEMBE (Achille), *Sortir de la grande nuit. Essai sur l'Afrique décolonisée*, op. cit., p. 18.
[254] *Ibid.*, pp. 10-11.
[255] MBEMBE (Achille), *Politiques de l'inimitié,* op. cit., p. 09.
[256] François FURET, préface au livre de HIRSCHMAN (Albert O.), *L'économie comme science morale et politique*, op. cit., p. 08.
[257] *Idem.*

règles élaborés dans et pour l'histoire européenne »[258], sans jamais cesser d'« être attentif à la différence des mentalités et des cultures (…), sensible au particulier et à la différence »[259].

L'objet de la philosophie c'est « le tout, avec l'homme dedans »[260], et son but c'est la sagesse, c'est-à-dire « le bonheur, mais dans la vérité »[261]. Puisque nous convenons finalement que tout être humain est un animal philosophant, « il ne peut renoncer à la philosophie qu'en renonçant à une part de son humanité »[262].

## II. L'ENJEU POLITIQUE : DONNER À L'AFRIQUE LES CLÉS DE SON INDÉPENDANCE

La situation actuelle de l'Afrique est dramatique. Les causes de son errance, de son impuissance, de cet affaissement inquiétant qui se donne à voir un peu partout, sont certes lointaines, mais les effets perdurent jusqu'à ce jour[263]. Il faut l'admettre, « le constat est en effet unanime chez les observateurs de bonne foi : cinquante ans après leur indépendance, les anciennes colonies africaines sont restées dans un état de sous-développement dramatique dans tous les domaines (économique, social, culturel, démocratique, etc.) »[264]. La cause principale du « Mal africain »[265] est sans aucun doute « la privatisation de la maîtrise de leur destin

---

[258] *Idem.*

[259] *Idem.*

[260] COMPTE-SPONVILLE (André), *op. cit.*, p. 15.

[261] *Idem.*

[262] *Ibid.*, p. 16.

[263] TABI MANGA (Jean), *Des voix… à la voie du temps. Variations sur la Renaissance, l'Émergence et la Modernité africaines*, op. cit., p. 24.

[264] MISKÉ (Ahmed-Baba), *La décolonisation de l'Afrique revisitée. La responsabilité de l'Europe*, Karthala, 2014, p. 07.

[265] *Idem.*

imposée aux peuples du Continent depuis des siècles. De la Traite négrière transatlantique jusqu'à l'indépendance coloniale, en passant par le colonialisme pur et dur (travail forcé, économie de traite, etc.) et sa version plus soft après la Seconde Guerre mondiale, l'Europe a disposé de l'Afrique comme sa propriété privée »[266].

L'enjeu politique est donc aujourd'hui de donner au continent les clés de son indépendance. La décolonisation doit produire une véritable politique du futur. Une politique du futur sans laquelle il ne peut y avoir de décolonisation pleine exige que soient inventées « de nouvelles images de la pensée »[267]. Cette indépendance commence par celle des idées, par celle de la pensée et de la connaissance qui constituent aujourd'hui, dans une économie du monde fondamentalement structurée autour des savoirs, un enjeu de pouvoir. L'Afrique ne peut reprendre les clés de sa liberté sans investir le terrain de la connaissance, des savoirs et de la science, terrain sur lequel se jouent l'avenir et le destin du monde. Ces clés sont de deux (02) principaux ordres : structurelles **(A)** et substantielles **(B)**.

### A. Les clés de la structure

Les clés en termes de structure sont nombreuses, mais nous ne retiendrons que celles qui nous semblent fondamentales. Leur identification passe par leur conceptualisation **(1)** et leur stylisation **(2)**.

#### 1. La conceptualisation

L'affranchissement de l'Afrique doit aboutir à la conception d'un système global cohérent, constitué de sous-structures dont l'économie n'en est qu'une parmi

---

[266] *Idem.*

[267] MBEMBE (Achille), *Sortir de la grande nuit. Essai sur l'Afrique décolonisée*, op. cit., p. 11.

d'autres[268]. La conceptualisation de ce système, à la fois idéel et structurel, repose sur un certain nombre de principes qui en conditionnent, en termes d'affranchissement et d'indépendance, la pertinence.

*Premièrement*, il n'y a aucun espoir pour l'Afrique de se *« développer »* en l'état actuel d'asservissement, ou du moins de dépendance. C'est connu, jamais il n'y a eu d'essor possible en situation de captivité dans laquelle on n'est pas maître de son destin. Edgar PISANI a dit : « il n'y a pas de développement sans dignité, pas de dignité sans ambition et aucune ambition n'est possible dans un état de dépendance »[269].

*Deuxièmement*, tout projet et tout système, idéel ou structurel, n'a de pertinence, dans l'optique de l'affranchissement de l'Afrique, s'il n'a pas une vocation régionale. De manière plus située par exemple, la politique économique qui libèrera et développera l'Afrique sera inévitablement régionale. C'est incontestable, c'est incontournable aussi. Seul, aucun pays africain n'a de chance de s'en sortir dans la configuration actuelle de l'économie mondiale, car le « retard »[270] du continent et de ses pays pris individuellement n'est pas conjoncturel,[271] mais structurel. C'est la structure même de l'économie et du système mondial qui est préjudiciable au continent, le reste en découle, en termes d'effets et de conséquences. Il est donc impérieux de connaître et de comprendre la

---

[268] La structure sociale, la structure culturelle, la structure politique, entre autres.

[269] Edgar PISANI cité par NYAMBAL (Eugène), *Afrique : les voies de la prospérité. Dix clés pour sortir de la pauvreté*, L'Harmattan, 2e édition, 2008, p. 09.

[270] Retard en considération du critérium occidental. L'Afrique n'est évidemment pas en retard, et elle n'a personne à rattraper. Voire SAAR (Felwine), *Afrotopia*, Editions Philippe Rey, 2016.

[271] Ou pas seulement conjoncturel.

structure du monde, de son économie et de sa finance, pour être à même de concevoir au bénéfice de l'Afrique, un modèle et un système qui puissent réduire de manière décisive le caractère appauvrissant et aliénant de cette structure.

C'est pourquoi seule une construction régionale cohérente et robuste, dans le sens de l'ordre juridique communautaire, du cadre institutionnel global, du marché régional commun[272], des politiques régionales (sectorielles et globales) communes, des mécanismes opératoires partagés, peut constituer le sauf-conduit de l'Afrique et le terreau fertile de ses réalisations sur la voie de son accomplissement.

*Troisièmement*, la construction de sous-régions fortes, efficaces et performantes, bien qu'interdépendantes, comme socle à partir duquel s'élèvera le massif communautaire. Pour rappel, la stratégie d'intégration de l'Union Africaine (UA) est fondée sur l'existence des Communautés économiques régionales (CER) comme « socles » de la construction d'un bloc commercial continental unique. Pour y parvenir, la stratégie intègre nécessairement le passage par la consolidation puis par la synchronisation des diverses entités régionales existantes[273]. Mais ne nous leurrons pas, sans des

---

[272] La création de la Zone de Libre-Echange Continentale Africaine (ZLECAF), dont le projet a été adopté le 21 mai 2018, est formellement entrée en vigueur le 30 mai 2019, après le dépôt du 22e instrument de ratification auprès de la Commission de l'Union africaine (UA), constitue une avancée indéniable dans ce sens. Il convient de relever que cette ratification a permis d'atteindre le seuil minimal requis de l'accord pour déclencher l'entrée en vigueur de la zone. Le lancement de la phase opérationnelle aura lieu lors du sommet extraordinaire de l'UA à Niamey le 7 juillet 2019.

[273] On dénombre aujourd'hui 14 CER constituant, en principe, autant d'espaces de libre circulation des personnes, des biens et des services. Certains États sont membres de plusieurs organisations à la fois.

regroupements sous régionaux performants, parce que fonctionnant sur la base du respect des idéaux communautaires (de fraternité, d'acceptation, de solidarité, d'unité, de complémentarité, etc.), des règles de bonne gouvernance et d'État de droit, aucune organisation régionale panafricaine, sur le modèle fédéral des « États-Unis d'Afrique », ne pourra voir le jour, ou du moins fonctionner efficacement. Cela suppose un apprentissage réussi de la démocratie et de l'état de droit au niveau local, national et sous régional, sans quoi, les tares actuelles, connues dans les États-nations (des États postcoloniaux rentiers pour l'essentiel, prolongeant la structure, les logiques et dynamiques de fonctionnement de l'État colonial), seront transportées et transposées au niveau panafricain, viciant ainsi tout projet d'émancipation et de réalisation de l'Afrique. Il ne s'agit pas simplement d'une reconfiguration des organisations sous régionales et d'une plus grande rationalisation de leurs organes et de leur fonctionnement, mais davantage d'une refondation du régionalisme intra-africain et panafricain.

*Quatrièmement*, un modèle intégré, mais dans un esprit d'ouverture. En effet, tout système ou modèle envisagé ne peut s'élaborer ou s'ériger de manière cloisonnée, projetant une Afrique repliée sur elle-même, recluse, sectaire, au motif allégué de retour aux fondements identitaires, en ignorant les influences positives extérieures et l'interdépendance fondamentale des sociétés humaines qui constituent le complexe civilisationnel mondial[274]. Pour se bâtir par elle-même, pour elle-même et pour le monde, l'Afrique doit s'inspirer des expériences positives

---

[274] Voire Discours d'ouverture de M. François SENGAT KUO lors du colloque organisé par le Ministère de l'Information et de la Culture, dans le cadre de la 2e édition de la Semaine culturelle nationale, tenue du 13 au 20 mai 1985, sur le thème *L'identité culturelle camerounaise*, Actes du Colloque, éditions ABC, 3e trimestre 1985.

étrangères qui confortent sa vision et des options, telles que celles d'Asie, en l'occurrence du Japon, de la Chine, de la Corée du Sud, de la Malaisie ou de Singapour.

### 2. La stylisation

La stylisation renvoie ici à l'élaboration des figures intellectuelles qui participent de la traduction schématique de cette dynamique révolutionnaire, car c'est de cela qu'il s'agit. Il est question, avant tout changement de paradigme, d'une transformation de la carte et du schéma mental africain fortement structurée par un mimétisme vil, une absence de réflexivité, un manque d'initiatives, de prospectives et de perspectives.

*La première figure* à styliser est celle de la transformation de la carte mentale et du schéma mental de l'Africain. C'est ce que les Anglo-saxons qualifient de *« mindset transformation »*. Le mental est le lieu des imaginaires, et le *« développement »* est le résultat de l'expression des imaginaires. L'Afrique doit investir tous les lieux où se construisent les utopies et les mythes qui façonnent les imaginaires. Ce sont ces imaginaires qui projettent des formes de vie, des figures sociales, des projets de société et de civilisation. C'est cet univers mental, malmené par des siècles d'aliénation et d'asservissement qui doit être pensé, soigné et libéré des chaînes de la captivité pour qu'il produise des idées neuves, adaptées et fécondes.

*La deuxième figure* à styliser doit traduire un changement paradigmatique de système, quittant du système pyramidal d'organisation sociale et institutionnelle pour le système de réseau. Le système pyramidal est un système fortement centralisé qui inhibe l'esprit d'initiative et étouffe les énergies. Ici, toute décision remonte au sommet, toute initiative part du sommet. Par conséquent, même si le sommet est fort, le système peut néanmoins être fragilisé par des démembrements inférieurs faibles. *A contrario* si le sommet est affaibli, le système se grippe, se bloque, et au pire des cas s'écroule. Ce changement de paradigme n'est pas un obstacle au leadership, lequel s'exprime avec plus d'efficacité dans le système du réseau. En effet, dans le réseau tout est lié, tout est indépendant et interdépendant. Chaque maillon de la chaîne, chaque élément du réseau, bien qu'important, n'est point irremplaçable, pas même l'élément central qui ici est le leader. Par ailleurs, l'on a l'avantage, du point de vue opérationnel, de pouvoir passer par chaque maillon pour atteindre un autre, passer par chaque élément pour réaliser une action, et chacun est en position d'initiative. La force de ce système c'est sa transversalité, sa flexibilité et sa fluidité.

*La troisième figure* porte sur la diminution progressive de la part du primaire au profit du secondaire et du tertiaire. En effet, sans pour autant réduire le « développement » à l'industrialisation, on peut néanmoins constater que tous les pays dits « développés » aujourd'hui ont connu quasiment la même trajectoire évolutive. Ils sont partis du secteur primaire au secteur tertiaire, en diminuant progressivement la taille du primaire au profit du secondaire puis du tertiaire.

Une idée fort répandue rappelle le constat que la différence, entre l'Afrique et l'Asie par exemple, réside dans le fait que « l'Asie n'a rien, mais elle transforme tout, alors que l'Afrique a tout, mais ne transforme rien ! ». La trajectoire de la Malaisie[275], dont les similitudes (en termes

[275] La Malaisie c'est environ 32 800 000 habitants en 2019, pour une superficie de 329 750 Km². Croissance du PIB en 2019 est de 4,3 %. La Malaisie c'est le premier producteur et exportateur de caoutchouc (42 % de la production mondiale), d'huile de palme (56 % de la production mondiale), de poivre (42 % de la production mondiale), de bois tropicaux (37 % du total mondial), d'étain (23 % de la production mondiale), Voir www.monde-diplomatique.fr.

de superficie, de population, de climat, de principales ressources et richesses) avec la Côte d'Ivoire[276] et le Cameroun[277] sont nombreuses, est souvent prise en exemple pour montrer comment un pays, profitant de la mondialisation des échanges, a su systématiser la transformation locale de ses ressources naturelles et de sa production agricole, à l'effet de multiplier ses produits dérivés, créer davantage de valeur ajoutée au niveau local, aller à la conquête des marchés régionaux et internationaux, et s'insérer durablement dans les chaînes de valeur mondiales.

Cette évolution espérée d'une situation « A » (secteur tertiaire réduit, c'est-à-dire aussi faible) pour une situation « B » (secteur tertiaire agrandi, c'est-à-dire fort) peut être schématisée dans les figures ci-dessous :

[276] La Côte d'Ivoire c'est environ 25 823 071 habitants en 2019, pour une superficie de 322 463 km². Croissance du PIB en 2019 7,2 %. Les principales ressources de la Côte d'Ivoire sont, entre autres, le Cacao (environ 40 % de la production mondiale), le pétrole, le gaz naturel, le cuivre, le fer, l'or et les diamants.

[277] Le Cameroun c'est environ 25 876 387 habitants en 2019, pour une superficie de 475 442 km². Croissance du PIB en 2019 4,2 %. Les principales ressources du Cameroun sont, entre autres, le pétrole, le gaz naturel, le diamant, l'or, le fer, le cuivre, le caoutchouc, l'huile de palme, la banane, le cacao, le café, le coton, les bois tropicaux.

**Figure "A"**

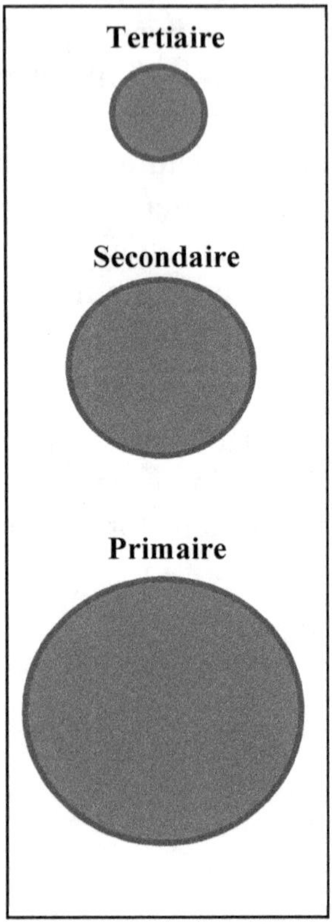


**Figure "B"**

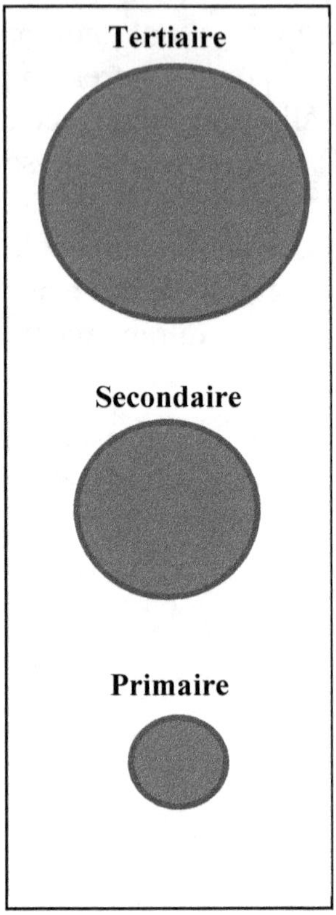


L'enjeu pour la majorité des pays africains, dont la situation majoritairement est celle de la figure « A » (avec un immense secteur primaire et un petit secteur tertiaire), est de passer de « A » à « B », c'est-à-dire s'industrialiser pour aboutir à la situation d'un immense secteur tertiaire.

### B. Les clés de la substance

De façon opératoire, tout projet intellectuel d'affranchissement de l'Afrique doit intégrer, en termes de substance, un certain nombre d'éléments qui nous semblent fondamentaux.

*La première* de toutes ces clés c'est l'identité.[278] L'affranchissement de l'Afrique ne peut être envisagé sans une fondation identitaire. En effet, l'identité, en termes de conséquences, traduit, entre autres, un droit à la différence qui est reconnu à chaque individu ou à chaque groupe d'individus d'afficher, de revendiquer et de défendre ce qui lui appartient et qui le distingue de l'autre[279]. Il s'agit, de façon non exhaustive, de sa vision du monde, sa mémoire, ses repères, son histoire, ses traditions, sa langue, « en un mot, la façon dont il a été, dont il est et dont il veut être »[280]. Cette identité est le socle de la culture, la culture elle-même étant une disposition et une attitude revendicative d'un héritage philosophique, idéologique et métaphysique constituant l'identité[281]. Elle donne à l'homme, outre la capacité de réflexion sur lui-même, une responsabilité d'affirmation de sa spécificité, tout en servant, dans un premier temps de véhicule de valeurs, d'étalon de mesure et d'évaluation de soi, des autres, des réalisations, et dans un second temps, de source d'inspiration qui innerve et vivifie l'inventivité et l'innovation. Cette identité culturelle-là ne fonde pas une attitude de fermeture, elle constitue plutôt une valeur d'ouverture qui reconnait l'influence bénéfique de ce qui, dans la culture de l'autre, n'a pas vocation à nous aliéner ou à nous dénaturer, mais à

---

[278] L'identité peut être perçue comme le caractère permanent et fondamental de quelqu'un ou d'un groupe. C'est ce qui fait qu'un être est lui-même, c'est-à-dire différent des autres et non opposé ni hostile à eux. Elle est faite des caractéristiques qui rendent cet être différent des autres et le constituent à la fois comme ''ipséité'', c'est-à-dire comme lui-même et comme ''altérité'', c'est-à-dire comme différent des autres

[279] TJADE EONE (Michel), *L'Afrique dans le temps global de la communication. Du local au planétaire,* éd. Clé, Yaoundé, 2012, p. 144

[280] *Idem.*

[281] Voir nos développements à ce propos dans MAKON (Richard), *Le Cameroun à la croisée des chemins vers le développement. Les trois défis de l'émergence*, op. cit., pp. 29-33.

nous conforter dans notre spécificité, à amplifier notre singularité, prises comme richesses qui complètent le complexe culturel universel.

*La deuxième clé* est un « panafricanisme », entendu à la fois comme mouvement politique qui promeut l'indépendance du continent africain et encourage la pratique d'une solidarité inter et trans-générationnelle entre Africains et afro descendants, mais qui s'impose aussi comme idéologie et politique d'autodétermination fixant le cap de l'Afrique et traçant le chemin de sa dignité et de son accomplissement. Ce « panafricanisme » n'est pas désuet, car la vérité ne se démode pas. Il doit simplement être modelé et remodelé autant que de besoin pour qu'il tienne compte de l'évolution et des mutations du monde, des enjeux et défis actuels de l'Afrique et du monde. C'est le principe de réalisme qui impose lucidité dans l'analyse et flexibilité dans l'action.

*La troisième clé* est le postulat de base de toute pensée économique pertinente : l'homme doit être au cœur de tout projet et processus, il en est la finalité et la finitude. *La finalité* entendue, dans la perspective de PLATON[282], comme l'objectif, *le but*. *La finitude*, appréhendée, en fidélité à MONTAIGNE[283], comme la fin, le terme et *le bout*.

*La quatrième clé* est relative à la substance de cette pensée africaine qui doit transpirer et véhiculer les valeurs qui fondent la vision africaine du monde et de la vie, la liberté, le sacré, la solidarité. Une économie qui affranchit l'homme, libère son énergie créatrice et sa force de production. Une économie qui respecte le caractère sacré de la vie (l'homme et la nature) et qui s'appuie sur le partage

---

282 COMPTE-SPONVILLE (André), *Présentations de la philosophie*, p. 54.
283 *Idem.*

de la valeur, de la ressource et de la justice, dans un esprit de justice, d'équité, d'égalité et d'interdépendance.

*La cinquième clé* est la focalisation sur le monde paysan, dont l'essor conditionne celui des pays africains et de l'Afrique globalement. À la suite de l'Occident aujourd'hui, l'Afrique fait preuve d'un inquiétant aveuglement en s'inscrivant dans le schéma qui consiste à prioriser les villes au détriment des campagnes. C'est évidemment le signe le plus évident de son déclin futur, si elle ne se reprend pas, car cette politique se fonde sur un contresens historique et théorique[284] : vouloir s'industrialiser en marginalisant ceux qui produisent l'énergie et les ressources de l'industrie. Une telle politique est incapable de hâter l'éclosion, sur le continent, de véritables sociétés industrielles, car comme nous le démontrent les physiocrates, « il n'y a pas d'industrialisation possible sans une prospérité des campagnes, adossée sur un accroissement de la productivité agricole et une politique de réinvestissement dans les campagnes d'une partie considérable des richesses par elles produites »[285].

---

[284] MAKON (Richard), *Le leadership en Afrique. Essai de philosophie publique sur le développement*, L'Harmattan, 2018, p. 33.
[285] *Idem.*

# PREMIÈRE PARTIE :

# LA DISSIDENCE DE L'AFRIQUE AVEC LE MODÈLE ÉCONOMIQUE OCCIDENTAL

*« Nous ne devenons ce que nous sommes que par la négation intime et radicale de ce qu'on a fait de nous »*[286], **Jean-Paul SARTRE**.

La dissidence est l'action ou l'état d'une personne ou d'un groupe qui, soit décide et cesse de se soumettre à un groupe dominant ou à une autorité établie, soit décide de se séparer d'une communauté[287]. Dans ce sens, on parle le plus souvent d'« entrer en dissidence ». Mais, dans un sens strictement idéel en rapport avec la contradiction, la dissidence désigne une divergence idéologique, ou tout simplement d'opinion[288]. Parler dès lors de dissidence de l'Afrique d'avec le modèle économique occidental c'est envisager l'entreprise de rupture, de même que l'état (ou la situation) qui en découle, dans lequel le continent cesse de se soumettre et d'être soumis au modèle de pensée occidental, lequel Occident est perçu en l'espèce comme un groupe dominant, le groupe aliénant.

Dans la situation actuelle de l'Afrique, cette dissidence constitue le premier pas vers la décolonisation effective de la pensée économique. De façon opératoire, pour réaliser cette dissidence, l'Afrique doit, d'une part, s'affranchir de l'économisme **(Chapitre I)**, d'autre part, inventer ses propres concepts économiques et, au besoin redéfinir les concepts clés de l'économie mondiale nécessaires à la formulation de ses propres théories et l'élaboration de son propre savoir **(Chapitre II)**.

---

[286] Préface à l'édition de 1961 de l'essai de Frantz FANON, *Les damnés de la terre*, reprise dans *Situations V*, p. 178.

[287] *Larousse 2012*, Dictionnaire de poche, Éditions Larousse, Paris, 2011, p. 247.

[288] *Idem.*

# CHAPITRE I :

# AFFRANCHIR LA PENSÉE AFRICAINE DE L'ÉCONOMISME

> *« (...) Mais les temps changent, le modèle de développement qui a été jusqu'à présent celui de l'Occident n'a été remis en cause pendant longtemps que par des individus isolés et sans influence réelle sur les pouvoirs politiques et économiques. Il l'est aujourd'hui non seulement par des minorités bruyantes, mais aussi par l'establishment qui se propose de "commencer à jeter les bases d'un paradigme alternatif" »*[289], **Joseph STIGLITZ.**

L'économisme s'entend d'une tendance consistant à interpréter les comportements politiques, sociaux et culturels à travers une approche essentiellement économique. Dans les sciences sociales, l'économisme désigne la tendance, l'inclinaison et l'inclination à considérer tous les faits sociaux comme des faits économiques. Il faut le reconnaitre, l'économisme est aussi une expression péjorative, dans l'optique où la notion tend à présenter « l'économie, sorte de discipline-mère »[290],

---

[289] *Afrique 2025. Quels futurs possibles pour l'Afrique au sud du Sahara ?*, op. cit., p. 183. Les auteurs reprennent ici une réflexion de Joseph STIGLITZ, « Vers un nouveau paradigme pour le développement », *in* Revue *L'économie politique*, 1er trimestre 2000.

[290] François FURET, préface au livre de HIRSCHMAN (Albert O.), *L'économie comme science morale et politique*, op. cit., p. 08.

comme une idéologie. Ce qui, bien entendu, a pour conséquence de la sortir de l'univers de l'objectivité stricte.

Très souvent, la doctrine attribue à l'économisme une double origine. Premièrement dans la microéconomie standard, qui part d'un présupposé sur le comportement des individus, et qui pose que les choix de ces derniers se font exclusivement sur une base rationnelle. Or nous savons tous que dans les faits, toute rationalité est limitée[291]. Deuxièmement dans la macroéconomie où l'économisme procède de la tendance à expliquer les phénomènes sociaux uniquement par leur origine économique[292].

De manière générale, dans les sciences sociales, l'économisme tend à éclipser les autres approches pour laisser uniquement la place à l'économie, et plus souvent aux statistiques, aux chiffres, aux nombres. C'est la raison pour laquelle, comme nous le faisons en l'espèce, il s'agit de critiquer et de déconstruire cette vision purement économique et mécanique de la société, dont la perspective réductionniste a pour conséquence de construire la représentation de l'homme et de la société de manière tout à fait artificielle. La pensée économique africaine doit être, en permanence, « à la recherche de ce qui, dans l'économique, n'est pas économique, et pourtant agit sur,

---

[291] Par exemple, le fait pour des économistes d'analyser le problème de la drogue uniquement en termes de marché de l'offre et de la demande, ou d'analyser le problème de la délinquance en termes de choix rationnel basé sur une analyse coûts/avantages révèle de l'économisme. C'est appréhender les problèmes de la drogue et de la délinquance (ça peut être aussi la pollution, l'exode rural ou la corruption) exclusivement comme des faits économiques, alors qu'ils sont d'abord des faits sociaux, ce qui en justifie la complexité.

[292] La pensée de Karl MARX est souvent citée comme exemple d'économisme, en l'occurrence son concept d'infrastructure qui pose que les mouvements de la société civile et du champ politique (la politique considérée comme la superstructure) ne sont que les reflets d'une lutte des classes dont les fondements sont économiques.

ou résulte de, l'économique : au croisement de l'économique et du politique »[293]. En procédant de la sorte, la pensée africaine « s'adressera au fond, par-delà l'économie, à l'un des plus vieux problèmes de la philosophie politique : quel type de rationalité peut-on imaginer – s'il en existe – qui rende compte de l'arbitraire apparent des conduites et des passions humaines »[294], mais surtout, de l'ambition d'être, de se réaliser et du désir d'avenir des peuples et des sociétés du monde.

En tout état de cause, c'est cette tendance réductionniste et mécaniciste[295] qui innerve l'économie de type occidental, fondée sur une construction intellectuelle à résonnance idéologique, et qui a pour conséquence de représenter l'homme, la société et le monde comme des réalités artificielles. Pour s'affranchir de cet économisme, l'Afrique doit se départir du « quantophrénisme » **(I)**, tout en élaborant ses propres indicateurs économiques **(II)**.

## I. LE REFUS DU QUANTOPHRÉNISME

La pensée économique africaine doit s'affranchir du quantophrénisme qui caractérise la pensée économique occidentale. Ce quantophrénisme dont le contenu **(A)** peut aisément être présenté démontre aujourd'hui ses limites dans la pensée et la vie économiques **(B)**.

### A. Le contenu et les conséquences du quantophrénisme

Nous consacrons cette rubrique à la signification, au contenu **(1)** et aux conséquences **(2)** du quantophrénisme.

---

[293] François FURET, préface au livre de HIRSCHMAN (Albert O.), *L'économie comme science morale et politique*, op. cit., p. 08.
[294] *Ibid.*, pp. 08-09.
[295] KAVWAHIREHI (Kasereka), *Y'en a marre ! Philosophie & espoir social en Afrique,* op. cit., p. 12.

### 1. La signification et le contenu du quantophrénisme

Le concept de quantophrénie vient de l'anglais « *quantophrenia* », un mot inventé par Pitirim Alexandrovitch SOROKIN et utilisé pour la première fois dans son célèbre ouvrage *Fads and Foibles in Modern Sociology*[296], publié en 1956. La quantophrénie est un terme péjoratif, une terminologie critique de l'excès d'usage mathématique en sociologie. C'est également, dans une résonance infectieuse, la pathologie qui consiste à vouloir traduire systématiquement les phénomènes sociaux et humains en langage mathématique. Considérant effectivement la quantophrénie comme une « nouvelle maladie » de la doctrine scientifique, de nombreux auteurs, tels les sociologues de l'éducation et de l'enfance Philippe VIENNE, Éric DEBARBIEUX ou Francis ALFÖLDI, constatent à regret l'inclinaison de la littérature scientifique vers l'expertise. Cette dernière étant dominée par les tentations que DEBARBIEUX juge contestables tels la quantophrénie, le prophétisme, le sens commun, la manipulation rhétorique et l'importation de diagnostics et des traitements relevant « du complexe sécuritaire américain »[297]. Dans la même veine, l'adjectif « quantophrénique » désigne ce qui a trait ou ce qui est relatif à la quantophrénie. Et le suffixe « isme » (de quantophrénisme) y est ajouté pour suggérer l'idée de système, la tendance ou l'idéologie qui en découle.

La quantophrénie est sans conteste l'une des plus graves pathologies de l'Occident, de la science occidentale surtout.

---

[296] Tendances et déboires de la sociologie américaine. SOROKIN (Pitirim A.), *Fads and foibles in modern sociology and related sciences*, Gateway, 1965.

[297] DEBARBIEUX, *Les dix commandements contre la violence à l'école*, Odile Jacob, Paris, 2008, pp. 60-61. Voir aussi ALFÖLDI (Francis), *Evaluer en protection de l'enfance*, Dunod, 3e édition, Paris, 2010, p. 21.

En effet, l'épistémè occidentale souffre de ce que Felwine SARR qualifie de « biais quantophrénique »[298]. Autrement dit, « cette obsession de tout dénombrer, évaluer, quantifier, mettre en équations »[299] et qui a pour conséquence directe la réduction mathématique du réel et de la réalité[300]. À titre d'illustration, comment soutenir la pertinence d'une analyse économique des problèmes tels ceux de la drogue, de la fraude, de la piraterie, de la contrefaçon, uniquement en termes de marché de *« l'offre et de la demande »*, ou d'une analyse des problèmes comme celui de la délinquance, de l'exode rural, de la pollution, du blanchiment des capitaux ou la corruption en termes de *choix rationnel* basé sur une analyse *« coûts/avantages »* ? Le faire relève de l'économisme et consiste à appréhender ces problèmes sociaux cruciaux exclusivement comme des faits économiques, alors qu'ils sont avant tout des faits sociaux, appelant une pluralité d'appréciations, de prise en compte intellectuelles, de prise en charge politique, d'approches, de démarches et de méthodes scientifiques, de connaissances et de savoirs, dans la logique de la complexité[301].

Ces problèmes sont le fait et les faits des hommes. Ils sont le produit en même temps qu'ils s'insèrent dans un tissu et un foisonnement de liens et rapports d'action et/ou de vie, aussi alambiqués qu'imbriqués. Des liens qui, en toute logique et objectivité, ne peuvent être confinés, si l'on veut efficacement les comprendre, à de simples faits économiques.

---

[298] SARR (Felwine), *Afrotopia*, Éditions Philippe Rey, 2016, p. 18.
[299] *Idem.*
[300] *Idem.*
[301] MORIN (Edgar), *Introduction à la pensée complexe*, Points, Collection Points Essais, Éditions du Seuil, avril 2005.

C'est ce caractère social des faits ou problèmes qui les situent sur le terrain fécond de la complexité[302].

**2. Les conséquences du quantophrénisme**

La pathologie qui consiste à vouloir traduire systématiquement le moindre fait, évènement ou phénomène social ou humain en langage mathématique a malheureusement d'importantes conséquences. La conséquence la plus directe de cette obsession de tout calculer, de tout dénombrer, de tout évaluer, de tout quantifier, de tout mettre en équations, c'est la confusion dans laquelle s'installe aussitôt l'esprit : ces *indicateurs*[303], *marqueurs*, *indices*, *barèmes*, *baromètres*, *unités de mesure*, *étalons de mesure*, qui ne sont pour l'essentiel que des repères quantitatifs, des outils d'analyse, des instruments de réflexion et de modélisation, deviennent des finalités de l'économie, et plus globalement de la vie humaine et sociale.

Qu'est-ce que la quantification, déjà approximative, de l'exode rural, de la pollution, de la corruption, de la sècheresse, de la désertification, de la famine, de la pauvreté, de l'analphabétisme, entre autres, peuvent apporter en termes de compréhension substantielle de ces phénomènes, dont les dimensions immatérielle, cognitive, intellectuelle, culturelle, historique, politique, socio anthropologique et même spirituelle sont prégnantes ? Pas plus que les statistiques et chiffres produits par cette quantification mécanique qui sont justes des éléments d'analyses parmi tant d'autres. Et c'est déjà bien assez pour en espérer davantage.

---

[302] *Idem.*

[303] Exemples : balance commerciale, indicateur social, produit intérieur brut, produit national brut, produit régional brut, etc.

De manière globale dès lors, la question que l'on peut se poser est celle de savoir si des indicateurs économiques, socioéconomiques et sociopolitiques sont appropriés pour évaluer (et constituer la base de la pensée économique) ce qui est le cœur, la raison, le socle et le fondement de l'économie, c'est-à-dire la vie sociale et humaine ? Nous répondons à brûle-pourpoint non, pour deux (02) principales raisons. La première est d'ordre théorique et pratique, la seconde est d'ordre idéologique et téléologique et constituent toutes deux (02) des limites au quantophrénisme.

### B. Les limites du quantophrénisme

La tendance, finalement obsessionnelle, de réduire la réalité humaine et le réel à des chiffres et des nombres, constitue l'une des très grandes faiblesses de la pensée économique occidentale. Ces limites, nous pouvons les ranger en limites d'ordre théorique et pratique et en limites d'ordre idéologique et téléologique **(1)** avant d'en porter une appréciation personnelle **(2)**.

#### 1. L'identification des limites

Les limites du quantophrénisme sont tant d'ordre théorique et pratique que d'ordre idéologique et téléologique.

Du point de vue *théorique et pratique*, les économistes s'accordent pour constater la faiblesse statistique et finalement opératoire de ces indicateurs dont la marge d'erreur, fonction des outils (méthodes, techniques, démarches et procédés) utilisés en l'occurrence, de même que de leurs conditions de mobilisation et d'usage, connait des variations sensibles d'un indicateur à l'autre. Par ailleurs, ces indicateurs liés aux conditions de vie, et ayant pour fonction de mesurer leur évolution, bien qu'analysant la vie supposément, ne disent rien sur la vie en elle-même, son sens, son importance, sa valeur ou sa finalité. Ce qui, au demeurant, reste le plus important, nous enseigne la perception propre à la civilisation africaine.

Du point de vue *idéologique et téléologique*, « la vie ne se mesure pas à l'écuelle, elle est une expérience et non une performance »[304]. Les *rêves* et les *aspirations*, les *besoins* et les *désirs*, les *envies* et les *plaisirs*, les *sentiments* et les *sensations*, les *imaginaires* et les *représentations*, les *utopies* et les *mythes*, les *principes* et les *valeurs*, expressions les plus abouties de la vie, ne peuvent être véritablement appréhendés, saisis et traduits par ces statistiques primaires, par cette réduction mathématique de la vie et de la réalité plus généralement.

### 2. L'appréciation des limites

Le philosophe Achille MBEMBE, annonçant l'entrée irréversible de notre espèce dans l'âge du *« brutalisme »*, fait remarquer que « toutes les sphères de l'existence sont désormais pénétrées par le capital, et la mise en ordre des sociétés humaines s'effectue dorénavant selon une seule et même directive, celle de la computation numérique »[305]. Cette considération de l'auteur ne se limite pas uniquement au constat, abondamment discuté ci-dessus, de la prégnance « des logiques de quantification »[306] et de l'impérialisme contemporain du calcul et de la statistique, et donc du quantophrénisme qui y est inhérent, mais elle va bien au-delà, en mettant en exergue la révolution numérique qui a favorisé, en même temps, la « transformation de l'horizon du calcul »[307] dans tous les domaines de la vie et un risque accru de condamnation à un « devenir-artificiel de l'humanité »[308].

---

[304] SARR (Felwine), *Afrotopia*, op. cit., p. 19.
[305] MBEMBE (Achille), *Brutalisme*, op. cit., p. 04.
[306] *Ibid.*, p. 25.
[307] *Ibid.*, p. 04.
[308] *Idem.*

Aussi convient-il de relever, en termes d'appréciation des limites du quantophrénisme, qu'il y a en général dans la vie, de manière inévitable et évidente, une combinaison du quantitatif et du qualitatif, et cette dernière dimension, le qualitatif, ne peut être saisie par des « indicateurs classiques » (taux de croissance du PIB et du PNB, taux de chômage, etc.), mais seulement par les « indicateurs complexes ». Cette dimension qualitative, dans une perspective d'amélioration de la condition humaine, doit être priorisée et davantage valorisée.

L'entreprise d'affranchissement de la pensée africaine de l'économie ou la pensée économique africaine commence inévitablement par la rupture avec ce réductionnisme mathématique. Concrètement, il ne s'agit pas de renoncer aux chiffres, aux nombres, ni aux calculs divers, encore moins aux outils, en termes de méthodes, démarches, procédés et techniques qui les facilitent. Il est davantage question de les considérer pour ce qu'ils sont : de simples instruments au service de l'homme et de la recherche de son mieux-être, de simples outils au service des finalités de la vie et de l'existence. Ils sont le moyen, un moyen parmi tant d'autres. Ils ne sauraient dès lors, et en aucun cas, devenir ou constituer une fin, encore moins la fin. C'est ce qui fonde l'importance pour l'Afrique d'inventer ou d'élaborer ces nouveaux indicateurs, ces indicateurs complexes, pour elle et pour le monde.

## II. L'ÉLABORATION D'INDICATEURS ÉCONOMIQUES NOUVEAUX

Élaborer ou bâtir des indicateurs nouveaux constitue un chantier impératif pour la pensée économique africaine dans la perspective de son affranchissement. L'utilité et la finalité des indicateurs **(A)** justifient d'associer aux indicateurs actuels (classiques ou primaires), des indicateurs nouveaux (complexes) **(B)**.

### A. L'utilité et la finalité des indicateurs économiques

Au-delà des limites évidentes des mesures statistiques ci-dessus évoquées, l'élaboration d'indicateurs nouveaux plus appropriés pour évaluer le bien-être et le mieux-être constitue le second pas vers l'affranchissement de la pensée économique africaine **(1)**. Mais qu'est-ce qu'un indicateur **(2)** ?

#### 1. Définition et nature de l'indicateur

Dans le langage courant, on entend par indicateur quelque chose qui indique (un objet, une réalité, un lieu, une destination) ou qui sert à indiquer. Il peut s'agir d'un instrument physique qui indique quelque chose ou d'une représentation symbolique des indices ou des signaux. D'un point de vue strictement économique, dans sa perspective substantielle, un indicateur est une statistique construite de façon aussi objective que possible, pour mesurer certaines dimensions de l'activité économique. C'est une donnée chiffrée qui mesure une certaine dimension d'une activité économique d'un secteur ou d'un pays. Dans sa perspective formelle et/ou stylisée (ou imagée), c'est un indice qui permet de représenter une réalité économique de manière quantitative et directe. Dans le principe, il s'agit d'une statistique qui représente la mesure d'une variable sur une période donnée. Aussi, l'interprétation de l'indicateur permet-elle, en termes de finalité, de connaître l'état ou la situation de l'économie (globalement ou par secteurs), de faire des projections et de bâtir des prévisions.

Cependant, il faut préciser qu'il existe au moins quatre (03) types d'indicateurs économiques, classés selon leur importance et l'impact qu'ils ont sur les marchés au moment de leurs publications[309] : *les indicateurs économiques avancés*[310], *les indicateurs économiques coïncidents*[311] et *les indicateurs économiques retardés*[312]. Dans une logique d'unification, pour les besoins du présent propos, il nous sied de les qualifier tous d'indicateurs ‘‘classiques’’, dont quelques-uns sont énumérés ci-dessous[313]. Les principaux indicateurs primaires sont le Produit Intérieur Brut (PIB)[314], les taux d'intérêt

---

[309] Ces statistiques sont publiées à intervalle régulier par des organismes d'études statistiques, publics ou privés.

[310] Ces indicateurs reflètent en avance l'activité économique réelle. Ils permettent d'anticiper des changements de tendances économiques. Ils sont difficiles à analyser puisqu'ils anticipent l'activité économique. Combinés à d'autres indicateurs, ils permettent de confirmer ou d'infirmer certaines tendances. Par exemple, un bon chiffre sur l'indice de confiance des consommateurs peut sous-entendre une consommation future plus élevée, mais cette tendance sera confirmée ou infirmée avec un indicateur retardé.

[311] Ce sont les indicateurs les plus suivis qui évaluent l'activité économique réelle au moment de leur publication. Ces statistiques suivent l'activité économique dans son ensemble. Ils permettent à un instant donné de prendre la mesure de l'activité économique. Ils sont moins complexes à analyser que les indicateurs avancés.

[312] Ces statistiques sont basées sur des données déjà passées donc plus facilement calculables. Ils permettent de mesurer l'activité économique passée. Ces indicateurs confirment ou infirment une tendance économique. Leurs publications ont un impact direct sur l'économie des marchés.

[313] Source du Tableau : https://www.binck.fr. Binck fr., la banque de tous les investisseurs.

| INDICATEUR AVANCÉ | INDICATEUR COINCIDENT | INDICATEUR RETARDÉ |
|---|---|---|
| Reflète en avance l'activité économique réelle | Evalue l'activité économique réelle au moment de leur publication | Mesure l'activité économique passée |
| • l'indice des prix à la consommation<br>• le sentiment des consommateurs<br>• le climat économique<br>• la construction de logements | • le PIB (1ère estimation)<br>• la production industrielle<br>• le PMI manufacturier<br>• le rapport de vente aux détails | • le PIB réel (version définitive)<br>• les taux d'intérêts directeurs<br>• le taux de chômage<br>• la balance des paiements |

[314] L'évolution du PIB mesure la croissance économique d'un pays.

directeur[315], l'indice des prix à la consommation (IPC)[316], le taux de chômage[317], les rapports de vente aux détails[318], tandis que les indicateurs secondaires sont le sentiment des

---

Il est défini comme la somme des valeurs ou richesses créées par les secteurs institutionnels (les sociétés, les administrations publiques, les ménages, les institutions sans but lucratif) ou par les différentes branches d'activités, à l'intérieur d'un pays. Il représente la valeur totale de la production de biens et services.
C'est l'indicateur le plus représentatif de l'activité économique et il peut être considéré comme un indicateur coïncide lors de ces premières mesures (versions préliminaires) ou comme un indicateur retardé lors de sa mesure réelle (version définitive).

[315] Les taux d'intérêt directeurs sont les taux auxquels les banques centrales, qui les imposent, accordent des crédits à court terme aux banques commerciales. Ce taux considéré comme un indicateur agit sur la vie économique d'un pays, il influence directement l'octroi des crédits et l'inflation. Il a également un fort impact sur le taux de change d'une monnaie donc sur les investissements, les importations et les exportations.
Les taux directeurs sont publiés une fois par mois par les banques centrales (la Banque Centrale Européenne (BCE), la Réserve Fédérale des États-Unis (FED) ou la Banque centrale d'Angleterre). La publication des taux d'intérêt est très suivie, car leur impact sur les marchés est très important.

[316] L'IPC mesure le niveau d'inflation d'un pays. Il calcule la variation des prix aux détails selon un panier de biens de consommation type et la variation des salaires. Autrement dit, il permet de calculer, entre deux périodes, la variation moyenne des prix des produits consommés par les ménages.

[317] Le taux de chômage mesure le pourcentage de personnes faisant partie de la population active qui n'a pas d'emploi et qui en recherche un. Cette statistique, très importante, permet de situer l'économie d'un pays par rapport à son niveau d'emploi.

[318] Cette statistique mesure les dépenses du consommateur ainsi que le comportement du commerce au détail. Elle permet de représenter le comportement du consommateur à un instant donné. Il s'agit du principal indicateur en termes de dépenses de consommation.

consommateurs[319], le climat économique[320], le PMI manufacturier (Purchasing Managers Index)[321], la balance des paiements[322], la production industrielle[323] et la construction de logement[324]. Leur utilité est variable.

### 2. Utilité et nécessité d'indicateurs nouveaux

Les indicateurs servent à mesurer certaines dimensions de l'activité économique. Et comme le dit l'adage, *« mesurer c'est savoir »*. En d'autres termes, les indicateurs sont des outils de connaissance, et plus ils sont fiables, mieux l'information collectée est précise, juste, permettant

---

319 Cet indicateur mesure le sentiment des consommateurs sur l'évolution des conditions économiques actuelles et futures. Il est connu aux États-Unis sous le nom de l'indice de l'Université de Michigan.

320 Cet indicateur estime les perspectives économiques des six prochains mois des investisseurs institutionnels et des analystes. Il permet de connaître le sentiment des professionnels sur les climats économiques actuels et futurs. Il est connu en Europe sous le nom d'indice ZEW (Zentrum fur Europaische Wirtschaftsforschung).

321 Cette statistique calcule le niveau d'activité des directeurs d'achats du secteur manufacturier qui représente les industries de transformation des biens. Il comprend les prises de commandes, la production, l'emploi, les livraisons et les stocks. Il reflète la confiance des directeurs d'achats.

322 Cet indicateur comptabilise toutes les opérations réalisées liées aux importations, aux exportations, aux investissements reçus de l'étranger et aux investissements réalisés à l'étranger. Il calcule la différence entre la valeur totale des encaissements reçus de l'étranger et la valeur totale des paiements émis à destination de l'étranger. La balance des paiements est excédentaire lorsque les encaissements provenant de l'étranger sont supérieurs aux paiements émis vers l'étranger.

323 Cette statistique calcule la variation des quantités produites dans les entreprises industrielles du secteur secondaire (usines, chantiers, carrières, mines). Elle ne prend pas en compte les secteurs primaires et tertiaires.

324 Cet indicateur mesure la variation du nombre de nouveaux immeubles résidentiels, dont les mises en chantier ont débuté lors de la période étudiée. Il s'agit d'un indicateur important pour l'activité du marché immobilier.

de procéder à des analyses les plus objectives possible, et à des projections les plus réalistes possible.

S'agissant du cas d'espèce, il convient de relever que de nombreuses tentatives, soit d'amélioration des indicateurs classiques, soit d'élaboration d'indicateurs nouveaux, existent dans la littérature. Elles sont constamment mises en lumière par la doctrine économique. Dépassant la très usitée valeur ajoutée[325], des économistes, dans la suite d'un indicateur comme celui du sentiment des consommateurs, tentent de plus en plus de prendre en compte des éléments tels que la qualité de vie, l'éducation, la santé ou l'environnement dans l'évaluation des processus, des dynamiques et des évolutions économiques. Ces derniers travaillent ainsi à évaluer le bien-être, le bonheur ou la plénitude, et proposent de nouveaux indicateurs tels que le bonheur national brut (BNB), en lieu et place du produit intérieur brut (PIB) à titre d'exemple[326].

Kasereka KAVWAHIREHI, critiquant les travers de ce qu'il nomme « l'économie mécaniciste »[327], souligne que « sur la base des indicateurs de bonne santé économique, parmi lesquels figurent l'équilibre du cadre macroéconomique, les taux de croissance positifs et les rendements sur les investissements, le continent qui, hier, était déclaré sans espoir ni futur, et dont on annonçait la faillite, est en passe d'être proclamé continent du futur par les agents du système dominant, à savoir le système

[325] La valeur ajoutée est un indicateur économique qui mesure la valeur ou la richesse créée par une entreprise, un agent économique ou un secteur d'activité au cours d'une période donnée. La valeur ajoutée sert par exemple de base au calcul de la taxe sur la valeur ajoutée (TVA) ou à mesurer le produit intérieur brut (PIB).
[326] SARR (Felwine), *op. cit.*, p. 19.
[327] KAVWAHIREHI (Kasereka), *Y'en a marre ! Philosophie & espoir social en Afrique,* op. cit., p. 12.

néolibéral »[328]. Mais quelle sorte de futur et de société « le miracle de la croissance africaine »[329] peut-il engendrer, s'interroge l'auteur, si comme le montre Wendy BROWN, « la rationalité néolibérale remodèle toute chose et chacun à l'image de l'*homo economicus* ; si elle désintègre le *demos* en petites parts du capital dit humain pour mieux exploiter les individus esseulés ; si, au niveau des gouvernements, les préoccupations pour la justice sociale cèdent la place aux mandants pour l'amélioration des taux de croissance, de cotes de crédit et du climat des affaires » ?[330]

Quelle sorte de futur et de société ce fameux miracle fait-il espérer, si les dogmes de la « science » économique, ayant éclipsé la politique et le débat démocratique, ont pour conséquence de soumettre la liberté à la dictature du profit, et de dissoudre l'égalité dans la concurrence du marché et la privatisation du commun ?[331] Les taux de croissance positifs, le produit intérieur brut, les rendements élevés sur les investissements, les taux d'intérêt directeur, le principe inhumain du *« tout est à vendre ou à acheter »* qui transforme l'État et le monde en un vaste marché où le plus fort impose sa loi[332] peuvent-ils être les réponses idoines aux aspirations des populations et des sociétés africaines à l'idéal démocratique, à la justice sociale et au droit à une vie décente, s'interroge encore Kasereka KAVWAHIREHI. Certainement pas !

---

328 *Ibid., p.12.*

329 *Idem.* L'auteur cite ici Alwyn YOUNG, « The African Growth Miracle », *journal of Political Economy*, 120, n° 04/2012, pp. 696-739.

330 KAVWAHIREHI (Kasereka), *op. cit.*, pp. 12-13. L'auteur reprend ici Wendy BROWN, *Undoing the Demos Neoliberalism's Stealth Revolution*, Brooklyn, NY, Zone Books, 2015.

331 *Idem.*

332 *Idem.*

Les indicateurs classiques parce qu'orientés vers le matériel semblent de toute évidence limités pour appréhender les dimensions immatérielles de la vie et du bien-être, dans la mesure où ces dernières sont difficilement quantifiables. Le défi pour les économistes davantage africains, réside dans leur capacité, dans l'intérêt du continent et de ses peuples, à substituer à ceux-ci, des indicateurs nouveaux, plus à même de prendre en compte les aspects qualitatifs de la vie, de l'humain et de la société.

### B. Des indicateurs économiques ''classiques'' aux indicateurs économiques ''complexes''

L'Afrique a besoin de construire ses propres indicateurs pour mesurer son activité économique, en fonction de sa propre vision de l'économie, du progrès et de la vie. D'ailleurs, comme le relève à juste titre MWANA MALUKU, les indicateurs économiques classiques (équilibre du cadre macroéconomique, taux de croissance, taux d'alphabétisation, taux de rendement des investissements, croissance de la population, etc.) sont totalement inadaptés à la réalité économique du continent, et donc sont en sa défaveur[333]. Pour cet auteur, « il s'agit là de chiffres calculés par les autres, pas par nous »[334]. Il poursuit d'ailleurs son propos en s'interrogeant : « quand aurons-nous nos bureaux spécialisés et fiables ? » Et dans une formule empreinte de dérision, il conclut : « et puis un indicateur fait défaut sur le tableau de bord des dirigeants africains : le nombre de chômeurs dans chaque pays, et bien sûr à Poto-Poto »[335].

---

[333] MWANA MALUKU, « Le monde vu de Poto-Poto », *Géopolitique Africaine*, Revue trimestrielle, N° 48, troisième trimestre 2013, *Le nouvel environnement économique africain*, Paris, septembre 2013, p. 07.
[334] *Idem.*
[335] *Idem.*

Ce propos rejoint celui de nombreux auteurs. Beat BÜRGENMEIER par exemple, analysant le concept de productivité et ses effets pervers relève pour le regretter que c'est « la productivité, concept très controversé qui, pourtant, sert d'indicateur de contrôle de la performance économique »[336]. Il précise dans la même veine que « dans les symboles que la société s'est donnés pour exprimer ses objectifs, peu de place finalement [est] laissée à un système de valeurs défini en dehors de la productivité »[337], ce qui du reste est totalement contre-productif au vu, d'une part des résultats obtenus des systèmes économiques contemporains, d'autre part de la situation économique globale du monde.

Kasereka KAVWAHIREHI estime pour sa part que, sous l'influence des institutions financières internationales, les intellectuels, les experts de la gouvernance publique et les pouvoirs publics africains se contentent « des abstractions des statistiques et d'agrégats macroéconomiques qui leur permettent de calculer le Produit Intérieur Brut fictif et oublient d'interroger la situation socioéconomique réelle vécue par les populations. Ils font l'apologie des taux de croissance positifs sans prendre la mesure de ce qui est le plus réel, à savoir le taux d'angoisse par citoyen, selon la belle formule de Célestin MONGA »[338].

Si nous partageons les propos de ces auteurs, il est important de souligner à grands traits qu'il existe au moins deux (02) préoccupations dans ces extraits. La première est l'inadaptation, en Afrique, des indicateurs classiques existants. La seconde est le fait que ces indicateurs classiques, lorsqu'ils sont utilisés pour rendre compte de

---

336 BÜRGENMEIER (Beat), *Plaidoyer pour une économie sociale*, op. cit., p. 05.
337 *Idem.*
338 KAVWAHIREHI (Kasereka), op. cit., p. 14.

l'activité économique africaine, le sont, non par et pour les Africains eux-mêmes, mais par et pour les autres. L'enjeu est donc double au moins : doter le continent de ses propres indicateurs et s'assurer que lesdits indicateurs sont adaptés à la vision africaine de l'économie et à son projet de civilisation.

C'est la raison pour laquelle, pour autant qu'ils soient utiles, les indicateurs classiques doivent nécessairement être complétés par de nombreux autres indicateurs, davantage vivants, parce que construits autour des finalités réelles de l'économie et des activités économiques : *la satisfaction, le plaisir, la joie, le bonheur, l'amour, la paix, la liberté, la sécurité, la paix, l'espoir, l'épanouissement, la plénitude, l'accomplissement, la réalisation, la vie,* entre autres. Voici les véritables dimensions de la vie humaine et sociale qui doivent être évaluées et valorisées. Voici les différentes raisons et fins pour lesquelles l'Homme *''administre la maison''* commune, *« épargne le bien »* personnel et collectif, *''conduit des activités''* de production, de distribution, de commercialisation et de consommation des biens nécessaires à la vie. Voici les raisons réelles pour lesquelles l'Homme *« étudie les processus et mécanismes »* de cette production, de cette distribution, de cette commercialisation et de cette consommation. Il le fait pour sa liberté, pour sa joie, pour son plaisir, pour son bonheur, pour sa paix, pour sa vie, pour son épanouissement, pour sa plénitude, pour sa réalisation, pour son accomplissement, pour l'espoir en l'avenir, pour l'amour des autres, et c'est toutes ces choses qui doivent aussi être quantifiées, évaluées, mesurées, dans le dessein de leur amélioration constante.

Avec des indicateurs complexes, il ne s'agit plus seulement de mesurer « certaines dimensions de l'activité économique » comme servent à le faire les indicateurs classiques, mais de mesurer la satisfaction ou l'atteinte des finalités réelles de l'activité humaine. *In fine,* ces indicateurs devront dorénavant permettre, d'une part, de révéler « les paramètres importants du bulletin de santé de nos États »[339] et de nos communautés, d'autre part, de clarifier, en termes d'ambitions et de perspectives, les finalités à court, moyen et long termes, de l'économie africaine.

Construire des indicateurs, que nous qualifions de « complexes », constitue l'un des chantiers capitaux de la pensée économique africaine. C'est là l'une des clés de sa démarcation et de sa dissidence.

---

339 MWANA MALUKU, *op. cit., p.14.*

# CHAPITRE II :

# CRÉER ET REDÉFINIR LES NOTIONS ET CONCEPTS ÉCONOMIQUES CLÉS

*« On reconnait la justesse d'une réflexion théorique au caractère opératoire de ses concepts, confrontés à la réalité. On voit alors cette réalité s'ordonner, devenir intelligible »*[340], **Odile TOBNER.**

Une langue est un système de signes vocaux ou graphiques, conventionnels, utilisé par un groupe d'individus pour leur communication. Celle-ci passe par la parole, le geste ou par d'autres types de signaux, impliquant les mêmes processus pour tous les humains. Le langage par contre est la capacité dont disposent des individus pour exprimer une pensée, et de communiquer au moyen d'un système de signes, vocaux, gestuels, graphiques, tactiles ou olfactifs doté d'une sémantique et parfois d'une syntaxe[341]. Étant le fruit ou le résultat d'une acquisition au fil du temps, la langue est l'une des nombreuses manifestations du langage. Dans le cas de l'Afrique, Cheikh Anta DIOP est convaincu de « la nécessité d'une culture fondée sur les langues africaines »[342], et pose « comme condition préalable d'une vraie renaissance africaine, le

---

340 TOBNER (Odile), « Les intellectuels français et l'Afrique. II- Dans le champ idéologique : Sartre », *op. cit.*, p. 21.

341 La cartographie par exemple est un langage non syntaxique, c'est-à-dire sans une syntaxe.

342 DIOP (Cheikh Anta), *Alerte sous les tropiques. Articles 1946-1960. Culture et Développement en Afrique noire*, Présence Africaine, 1990, p. 35.

développement des langues indigènes »[343]. Pour lui, « il y a incontestablement entre le génie d'une langue et la mentalité du peuple qui la parle »[344].

Dans ses importants travaux linguistiques, Cheikh Anta DIOP démontre à suffisance, entre autres, l'existence d'importantes analogies de vocabulaire entre les plus importantes langues africaines[345], une grande « ressemblance de vocabulaire et syntaxe »[346], une tendance forte à « des permutations de consonnes de mêmes classes »[347], « une construction grammaticale »[348] fort similaire. Pour ce savant, « le problème culturel par excellence s'avère donc le suivant : celui de la création de langues appropriées aux besoins d'expression de tous les ressortissants africains, quel que soit leur niveau culturel »[349].

La connaissance est aussi un langage, et chaque discipline scientifique, chaque territoire de pensée, secrète son propre métalangage, son propre verbe, ses propres codes, ses propres signes, ses propres significations, en résonnance avec son objet, son ontologie, sa téléologie, son épistémologie, ses théories et sa logique. Approcher un champ de connaissance exige donc de procéder, au minimum, sans exclusion, à une archéologie de ses notions et concepts fondamentaux. Or, la polysémie étant la caractéristique essentielle des signes scientifiques, notions comme concepts, leur saisie et leur compréhension, dans le champ scientifique considéré, ne sont rendues possibles que

---

[343] *Idem.*
[344] *Idem.*
[345] *Ibid.*, p. 09.
[346] *Ibid.*, p. 16.
[347] *Idem.*
[348] *Idem.*
[349] *Ibid.*, p. 36.

par une entreprise d'affection de sens, à la faveur de la définition et de l'interprétation.

La définition est donc évidemment une opération d'attribution de signification et, finalement, d'affectation de sens. Comme celui de la langue en général vis-à-vis de l'idée, le rôle caractéristique de la définition, opération de la pensée, est d'être le médiateur entre le concept et la réalité. Et puisque « toute pensée est symbolique »[350], elle « requiert un univers de signes pour l'exploration du réel, ceux-ci étant la médiation nécessaire entre la pensée et le réel, en même temps que le véhicule privilégié des valeurs »[351]. De même qu'il existe plusieurs types de définitions, autant une notion ou un concept peut connaitre diverses entreprises d'appréhension, en fonction des stratégies ou des objectifs poursuivis, mais surtout des usages envisagés. Aussi, la redéfinition des concepts économiques clés n'est-elle pas, dès lors, qu'une simple entreprise exploratoire des significations dans une perspective d'affranchissement **(I)**, mais elle devient aussi un projet d'affectation de sens nouveaux à des concepts qui devront mieux traduire le vécu et la vie sur le continent **(II)**.

## I. L'IMPORTANCE DE LA CRÉATION ET DE LA REDÉFINITION DES CONCEPTS DANS UNE PERSPECTIVE D'AFFRANCHISSEMENT

La création est comprise ici comme un synonyme d'imagination et d'invention, des mots utilisés pour qualifier une réalité physique, matérielle ou immatérielle. L'entreprise de redéfinition quant à elle renvoie à

---

350 DUBOUCHET (Paul), *Pour une sémiotique du droit international. Essai sur le fondement du droit*, Ouverture Philosophique, Paris, L'Harmattan, 2007, p. 08.
351 *Idem.*

l'opération d'affection d'un sens nouveau, ou renouvelé, à un mot préalablement existant. La création et la redéfinition s'opérationnalisent donc sur des mots, des notions, des concepts, mobilisés dans le dessein de traduire le réel. Comme outils du langage, ces mots, tantôt notions, tantôt concepts, ne rendent pas seulement compte d'un réel, mais l'intellige et quelquefois, l'imagine, le crée. Toutefois, quels sont le sens et la portée des concepts et des notions **(A)**, quelle est l'importance des concepts et des notions, et quel usage peut-on en faire dans l'affranchissement d'une pensée **(B)**.

### A. Concepts et notions : sens et portée

Le sens et la portée des notions et concepts peuvent être aisément mis en exergue dans leurs définitions, en premier lieu, celle de la notion **(1)**, en deuxième lieu, celle du concept **(2)**.

#### 1. La notion, essai de saisie

La notion, « objet abstrait de connaissance »[352], est appréhendée par Emmanuel KANT comme un concept a priori, produit de l'entendement. Jean-Paul SARTRE, analysant la dialectique hégélienne, affirme que « la dialectique en son essence est (…) le jeu des notions. On sait que la notion, pour Hegel, organise et fond ensemble les concepts dans l'unité organique et vivante de la réalité concrète. La terre, la Renaissance, la Colonisation au XIXe siècle, le Nazisme, font l'objet de notions ; l'être, la lumière, l'énergie sont des concepts abstraits »[353]. Mais la notion est aussi « le groupement sous une rubrique

---

[352] *Dictionnaire alphabétique et analogique de la langue française LE ROBERT*, Société
Nouvelle des Imprimeries Paul Dupont, Paris, 1973, p. 819.
[353] SARTRE (Jean-Paul), *Situations III*, 13e édition, Gallimard, 1949, p. 153.

appropriée d'un ensemble de situations présentant entre elles une suffisante affinité »[354]. Guy QUINTANE relève trois (03) approches du terme notion : *première approche*, la notion est une représentation que l'esprit se forme d'un objet de connaissance, idée générale et abstraite, concept. *Deuxième approche*, la notion est la connaissance immédiate, conscience que l'on a intuitivement de quelque chose. *Troisième approche*, la notion est une connaissance élémentaire acquise en quelques domaines[355].

L'auteur note ensuite que l'utilisation des notions comme outils d'investigation de l'objet décrit permet une description satisfaisant aux exigences de l'investigation scientifique[356]. Même s'il apparaît que la démarcation entre le terme de notion et celui de concept demeure floue, il semble cependant y avoir, derrière le terme de notion, deux (02) idées qui le particularisent : *premièrement*, l'idée d'un objet préexistant, presque sous une forme matérielle, à la description que l'on pourrait chercher à en faire ; *deuxièmement*, l'idée d'une forme d'indécision quant aux éléments qui constituent ledit objet[357]. En cela, les notions se distinguent des concepts.

**2. Le concept, essai de saisie**

Étymologiquement, concept vient du latin *conceptus*, de *concipere*, signifiant non seulement l'acte de concevoir, mais aussi celui de recevoir. Conceptualisation et concept désignent l'acte et/ou l'objet de pensée dont la source est le sujet épistémique, aboutissant à une représentation générale d'une classe déterminée de phénomènes. Les phénomènes

---

[354] QUINTANE (Guy), « Les notions juridiques et les outils langagiers de la science du droit » in TUSSEAU (Guillaume) (dir.), *Les notions juridiques*, Economica, 2009, p. 11.
[355] *Idem.*
[356] *Ibid., p.11.*
[357] *Ibid.*, p. 11-18.

représentés peuvent appartenir au monde dit naturel (physique, physiologique, etc.), au monde dit intentionnel (social, historique, culturel, etc.) ou au monde des lois logico-mathématiques. La représentation elle-même est considérée, depuis Emmanuel KANT, comme un schématisme réunissant les propriétés essentielles ou typiques des phénomènes à représenter[358]. Martin HEIDEGGER définit les concepts comme « des représentations tout à fait générales de domaines aussi amples que possibles »[359]. Relevant l'importance des concepts, Gilles-Gaston GRANGER affirme que « l'objectif de la science est la représentation de toute chose associée à la réalité sous une forme distincte de sa nature propre dans l'intention de l'expliquer au moyen de concepts »[360]. Pour ALLAMEL-RAFFIN et GANGLOFF, « avec le concept, on ne vise pas le concret de manière immédiate, mais de façon médiate, à travers des déterminations que l'esprit peut considérer en elles-mêmes, à l'état isolé, indépendamment de leurs supports concrets »[361]. On le voit clairement, les notions et les concepts sont d'une importance fondamentale dans l'élaboration et la production d'un langage et d'une pensée.

### B. Concepts et notions : usages et importance

Les notions et les concepts s'avèrent donc d'une importance particulière, tant dans l'élaboration d'un langage donné **(1)** qu'en tant qu'outils de médiation entre la pensée et le réel **(2)**. Sous ce rapport qui fait suite aux

---

[358] ARNAUD (André-Jean) (dir.), *Dictionnaire encyclopédique de théorie et de sociologie*, L.G.D.J., Paris, 1993, p. 87.

[359] HEIDEGGER (Martin), *Concepts fondamentaux*, coll. « Bibliothèque de philosophie », Gallimard, Paris, 1941-1981, p. 13.

[360] GRANGER (Gilles-Gaston), *La Science et les sciences*, Paris, PUF, 1995, p. 5.

[361] ALLAMEL-RAFFIN (C.), GANGLOFF (J.-L.), *La raison et le réel*, Paris, Ellipses, 2007, p. 10.

définitions particulières (la diversité), nous pouvons tenter de construire, à travers de leur usage et importance, leur unité opératoire.

### 1. Concepts et notions comme outils d'élaboration d'un langage

L'importance des concepts et des notions peut, avant toute chose, être attestée au niveau de l'élaboration d'un langage. Les notions sont utilisées, entre autres, pour décrire un objet préexistant, une réalité donc, pendant que les concepts servent davantage à la représenter (cette réalité), à la concevoir, et donc à l'inventer au-delà de l'intelliger. Aussi ne peut être neutre une entreprise de définition, car au travers des notions on décrit une réalité connue, existante et expérimentée, une expérience souvent sensible. Par les concepts, on conçoit, on conceptualise, on représente cette réalité imaginée, pensée ou sentie. Les notions et les concepts expriment une perception du monde et constituent des traductions d'une épistémè. Par conséquent, les termes de *développement*, *émergence*, *croissance économique*, entre autres, traduisent des réalités propres à un environnement physique, métaphysique, historique, politique, économique, social et culturel donné, tout en exprimant des valeurs et en représentant une conception du monde, de la vie, de soi et de l'autre. Les mobiliser sans les questionner, les déconstruire, les redéfinir, n'est pas seulement imprudent, mais tout aussi inconséquent et préjudiciable dans la mesure où, « [médiateurs] nécessaires entre la pensée et le réel en même temps que véhicule privilégié de valeurs »[362], ces mots sont liens et liant avec une réalité autre, et véhiculent des valeurs qui sont tout d'abord des valeurs autres, des valeurs situées.

---

[362] DUBOUCHET (Paul), *Pour une sémiotique du droit international*, p. 08.

## 2. Concepts et notions comme médiateurs entre la pensée et le réel

Les notions et davantage les concepts sont des médiateurs indispensables entre la pensée et le réel, des instruments de la pensée et de la connaissance. En effet, connaître c'est penser ce qui est. En cela, la connaissance est un certain rapport, qu'il soit de conformité, de ressemblance ou d'adéquation, entre l'esprit et le monde, entre le sujet et l'objet[363]. En réalité, « ce que nous avons dans notre esprit, quand nous y pensons, correspond à peu près à ce qui existe en réalité »[364]. Or, suggérer une approximation[365], au-delà de permettre la distinction entre la connaissance, d'une part, et la vérité, d'autre part, autorise le postulat d'après lequel « il n'y a pas de connaissance absolue, pas de connaissance parfaite, pas de connaissance infinie »[366]. Pour qu'il y ait une connaissance parfaite, il faudrait qu'il y ait une science parfaite, c'est-à-dire achevée, aboutie, de même qu'une intelligence infinie. Or ni l'une (science parfaite) ni l'autre (intelligence infinie) ne sont à la portée de l'homme. Cette limite est d'ailleurs la condition du progrès scientifique, car une science parfaite et une connaissance absolue ne sauraient progresser. Alors même que, comme le démontre Gaston BACHELARD, le progrès est « la dynamique même de la culture scientifique »[367].

---

363 COMPTE-SPONVILLE (André), *Présentations de la philosophie*, op.cit., p. 59.

364 *Idem.*

365 Au travers du terme ''à peu près''.

366 COMPTE-SPONVILLE (André), *op. cit.*, p.59.

367 BACHELARD (Gaston), *La formation de l'esprit scientifique*, op. cit., *pp.89-90.*

Il n'y a donc pas de connaissance absolue[368], c'est pourquoi du point de vue épistémologique aucune connaissance[369] n'est la vérité[370], même si la vérité, du point de vue philosophique, est une forme de connaissance[371]. Nous ne connaissons jamais absolument ce qui est, encore moins totalement ce qui est. Comme le rappelle Edgar MORIN, « la connaissance complète est impossible : un des axiomes de la complexité est l'impossibilité, même en théorie, d'une omniscience »[372].

Par ailleurs, nous ne pouvons connaitre quoi que ce soit que par l'intermédiation de nos sens, de notre raison, de nos

---

[368] MORIN (Edgar), *Introduction à la pensée complexe*, Points, Collection Points Essais, Éditions du Seuil, avril 2005, pp. 10-12.

[369] En philosophie, la connaissance est l'état de celui qui connaît ou sait quelque chose. On appelle aussi ''connaissance'' les choses connues elles-mêmes, et par extension les choses qui sont tenues pour des connaissances par un individu, une corporation ou une société donnée. Mais en l'espèce, la connaissance désigne davantage l'action ou fait d'apprendre quelque chose par l'étude et/ou la pratique ; c'est aussi le résultat de cette action ou de ce fait, et qui fait référence à la compétence en quelque chose, à l'expérience de quelque chose, à la connaissance ou au savoir acquis.
Cf. https://www.cnrtl.fr/lexicographie/connaissance.

[370] La vérité est une idée, une hypothèse, un élément de connaissance, ou encore une affirmation ou un discours ''vrai''. Le ''vrai'' étant le caractère de conformité de la représentation mentale (hypothèses, idées, connaissance, etc.) ou de son expression (autres représentations, discours, affirmations), avec la réalité correspondante (dans le Trésor de la Langue Française Informatisé (TLFI), la vérité c'est ce qui est conforme à la réalité, à la vérité ou qui lui correspond). C'est donc une conformité de la pensée ou de son expression avec son objet (vérité logique). Du point de vue le plus général, une vérité est donc une représentation mentale, une représentation (autre) ou une expression, conforme à la réalité.

[371] En philosophie, la vérité est une connaissance reconnue comme juste, comme conforme à son objet et possédant à ce titre une valeur absolue, ultime. Cf. Trésor de la Langue Française Informatisé http://atilf.atilf.fr/tlf.htm.

[372] MORIN (Edgar), *Introduction à la pensée complexe*, op. cit., p. 11.

théories[373], toutes choses qui sont à la fois imprécises et imparfaites. Cette imperfection qui est avant tout inhérente à notre être et à notre condition innerve tout ce qui est de nous : notre esprit, notre corps, nos pensées et nos actes. De même, « la moindre de nos pensées porte la marque de notre corps, de notre esprit, de notre culture. Toute idée en nous est humaine, subjective, limitée, et ne saurait donc correspondre absolument à l'inépuisable complexité du réel »[374]. Aussi, comment peut-on logiquement, pour ne pas dire scientifiquement, penser qu'une pensée, une connaissance, une théorie fut-elle le produit des plus vifs esprits d'un hémisphère, d'une civilisation, puisse avoir vocation de vérité absolue ? C'est la question que tout penseur, africain ou non, est fondé à se poser face à la sacralisation et à l'imposition dogmatique de la pensée économique occidentale.

MONTAIGNE disait en son temps que « les yeux humains ne peuvent apercevoir les choses que par les formes de leur connaissance »[375], et KANT relevait que « nous ne pouvons penser que par les formes de notre entendement »[376]. Par conséquent, d'autres yeux que les nôtres verraient d'autres formes, un autre paysage, et un autre esprit que le nôtre, probablement, les penserait autrement. Aucune connaissance n'est absolue ni parfaite, parce que connaître c'est toujours percevoir les choses ou les penser « comme elles sont pour nous »[377]. André COMPTE-SPONVILLE livre cette généreuse réflexion à ce propos : « nous n'avons aucun accès direct au vrai (nous ne pouvons connaître que par l'intermédiaire de notre sensibilité, de notre raison, de nos instruments

---

[373] COMPTE-SPONVILLE (André), *op. cit.*, p. 60.
[374] *Idem.*
[375] MONTAIGNE cité par COMPTE-SPONVILLE (André), *op.cit.,* p 11.
[376] Emmanuel KANT cité par COMPTE-SPONVILLE (André), *idem.*
[377] COMPTE-SPONVILLE (André), *op. cit.*, p. 61.

d'observation et de mesure, de nos concepts, de nos théories…), aucun contact absolu avec l'absolu, aucune ouverture infinie sur l'infini »[378]. Alors comment pourrions-nous nous targuer d'une connaissance totale, absolue et définitive ? Comment pourrions-nous sacraliser notre perception de la réalité, notre pensée, au détriment de celles des autres ? Comment pourrions-nous sacraliser nos concepts, en disqualifiant ceux des autres ?

Nous sommes séparés du réel, reconnait COMPTE-SPONVILLE, par les moyens mêmes qui nous permettent de le percevoir et de le comprendre (notre sensibilité, nos désirs, nos besoins, nos préférences, notre raison, nos instruments d'observation, de mesure et d'analyse, nos théories et nos concepts). Comment pourrions-nous connaître absolument ? Il n'y a de connaissance (imparfaite d'ailleurs) que pour un sujet, comment pourrait-elle, même en étant scientifique, être parfaitement objective[379] ?

Ces considérations obligent l'Homme à l'humilité (du fait de la relativité attestée des concepts, de la connaissance, des théories et de la science) et appellent l'Africain à la responsabilité (à cause de l'immensité du champ de possibilité pour la construction des concepts, des théories, de la connaissance et de la science africaine).

## II. DES CONCEPTS VIDES AUX CONCEPTS DE VIE

Seules la redéfinition et la création peuvent redonner ou donner de la vie aux concepts. Ce postulat peut être justifié **(A)** et s'opérationnaliser à travers une démarche et des procédés identifiés **(B)**.

---

[378] *Idem.*
[379] *Idem.*

### A. Le postulat et les justifications

Avant d'illustrer notre raisonnement **(3)** et de présenter les justifications **(2)** de l'abandon des concepts vides au profit des concepts de vie, il convient, préalablement, de poser le postulat d'un tel raisonnement **(1)**.

#### 1. Le postulat du raisonnement

À titre de postulat et de justifications, il faut d'emblée rappeler que chaque société, dans la perspective de son accomplissement, se dote de ses propres mythes, de ses propres croyances, de ses formes d'organisation, de ses ambitions, d'un code symbolique qui permet à ses membres de penser, de dire, de se parler, de nommer, de représenter et de se comprendre. Aussi, les concepts et autres notions, s'ils n'épuisent pas totalement leurs significations dans un contexte donné, s'y comprennent certainement le mieux. C'est la raison pour laquelle les concepts de *développement*, d'*émergence économique* ou de *croissance économique*, entre autres, sont inadaptés et inappropriés en l'état pour rendre compte de cette dynamique singulière et individuelle que constitue la démarche d'accomplissement d'une société. C'est le cœur même de la relativité des concepts dont parle André COMPTE-SPONVILLE[380].

Du fait de leur résonnance univoque, ces concepts condamnent dans un carcan toute démarche et dynamique d'individualisation et de singularisation. Ils imposent des systèmes de conception, de représentation, de structuration, de réalisation et d'action ; imposent également des cadres d'analyse et d'expression, des régimes d'encadrement et d'implémentation, des normes, des démarches, des méthodes, des mécanismes, des outils, des règles et des standards. Ces concepts et notions de l'économie de type occidental, et les présupposés historiques, idéologiques et

---

380 COMPTE-SPONVILLE (André), *op. cit.*, p.61.

philosophiques qui y sont attachés, empruntés sans ré-problématisation, sans déconstruction et sans tri par les Africains, pour intelliger, traduire et représenter leur propre réalité et dynamique, sont ici inopérants, inefficaces, invalides, car représentant et exprimant un monde différent. Les significations qui leur sont affectées dans l'épistémè occidentale font difficilement sens en dehors de leur contexte d'invention, d'érection et d'expression. Camisole de force s'il en est, ces notions et concepts exportés par l'entreprise « civilisatrice »[381] occidentale constituent un carcan duquel il est urgent de s'affranchir. Pour l'Afrique, ils ne peuvent qu'avoir une vocation informative, dans la narration des expériences propres au continent, et des trajectoires individuelles de ses peuples. Rien de plus !

Critiquant l'apathie de la pensée africaine de l'heure, Kasereka KAVWAHIREHI remarque que *« nos*

---

[381] L'idée de le ''mission civilisatrice'' doit son expansion aux propos tenus par Jules FERRY, ancien premier ministre français, devant les députés le 28 juillet 1885, propos transcrits au *Journal Officiel* et qui constituent les fondements de la pensée coloniale de la IIIe République : *« (..) Mais il y a une autre forme de colonisation, c'est celle qui s'adapte aux peuples qui ont, ou bien un excédent de capitaux, ou bien un excédent de produits (...). Les colonies sont pour les pays riches un placement de capitaux des plus avantageux (...). Dans la crise que traversent toutes les industries européennes, la fondation d'une colonie, c'est la création d'un débouché (...). Messieurs, il faut parler plus haut et plus vrai ! Il faut dire ouvertement qu'en effet les races supérieures ont un droit vis-à-vis des races inférieures (...) parce qu'il y a un devoir pour elles. Elles ont un devoir de civiliser les races inférieures (...). Ces devoirs ont souvent été méconnus dans l'histoire des siècles précédents, et certainement quand les soldats et les explorateurs espagnols introduisaient l'esclavage dans l'Amérique centrale, ils n'accomplissaient pas leur devoir d'hommes de race supérieure. Mais de nos jours, je soutiens que les nations européennes s'acquittent avec largeur, grandeur et honnêteté de ce devoir supérieur de la civilisation (...) ».* Voir aussi SURET-CANALE (Jean), *Afrique Noire, Géographie, Civilisations, Histoire*, Éditions Sociales, 1961, page 244.

*philosophes* » « oublient de s'investir dans la mise à jour critique de la pauvreté des concepts de la science économique, dès lors qu'elle a cessé de se concevoir comme une science morale et s'est fermée au dialogue avec les disciplines qui ont le social pour objet, à savoir l'anthropologie, la sociologie, la psychologie, l'histoire et, pourquoi pas la théologie »[382]. En se refusant de constituer un foyer de résistance à la domination et à l'exploitation[383], les penseurs africains se privent tout aussi de « la possibilité d'être une singulière et vivante résistance à la capitulation de l'esprit et à la désintégration de la société »[384] africaine. En somme, ils se privent de la possibilité, fort heureuse, de « participer à l'invention de nouvelles utopies, à la construction, contre le marché et la concurrence féroce, du social en prenant appui sur les dynamiques coopératives et associatives qui sont aussi à l'œuvre dans la réalité »[385] propre du continent.

L'Afrique a le droit de se penser et de penser sa propre voie. Elle a l'impérieux devoir de s'affranchir du carcan néolibéral qui la prive de possibilité d'avenir et de futur. Si telle société est libre d'appréhender le « développement » et le « sous-développement » par rapport au niveau d'industrialisation, telle autre a le droit d'envisager ces mêmes concepts en rapport avec la qualité de vie, le niveau de satisfaction ou de bonheur de ses populations. Cette société a même le droit, au besoin, de réfuter ces concepts pour leur en substituer d'autres (équivalent ou non), jugés plus fonctionnels, indiqués et/ou opératoires.

---

382 KAVWAHIREHI (Kasereka), *Y'en a marre ! Philosophie & espoir social en Afrique,* op. cit., p. 14.
383 *Idem.*
384 *Ibid.*, p. 15.
385 *Idem.*

Cheikh Anta DIOP, soutenant l'idée de la possibilité d'« une unité linguistique »[386] de l'Afrique, affirme que malgré les difficultés techniques d'opérationnalisation, les penseurs africains, « en appliquant le principe d'extension du sens des mots »[387], peuvent d'ailleurs donner « une définition scientifique de certains mots qui, jusque-là, n'avaient qu'une signification courante »[388]. Et en s'appuyant sur quelques conventions tout à fait légitimes cadrant parfaitement avec le génie des langues africaines[389], on peut « arriver à la constitution d'un vocabulaire suffisant pour que l'enseignement secondaire puisse être donné et écrit entièrement dans nos langues, et même pour une bonne partie de l'enseignement supérieur »[390]. Par ailleurs, allant plus loin, ce savant démontre qu'un autre moyen d'enrichir nos langues consiste à bien étudier leurs origines, et à partir de celles-ci « pour composer des mots nouveaux selon les besoins »[391] de la pensée, de la science, de la vie et du quotidien de l'Afrique.

**2. Les justifications du raisonnement**

Chaque civilisation, dans sa quête d'existence, de survie et de perpétuation s'emploie à nommer les réalités de son environnement. Seule l'activité de nomination permet la désignation, qui est à la fois opération de prise en compte et volonté de prise en charge de l'objet et du réel. Dans la cosmogonie[392] africaine, le Dieu créateur de l'univers ayant

---

[386] DIOP (Cheikh Anta), *Alerte sous les tropiques. Articles 1946-1960. Culture et Développement en Afrique noire*, op. cit., p. 37.

[387] *Ibid.*, p. 38.

[388] *Idem.*

[389] *Idem.*

[390] *Idem.*

[391] *Ibid.*, p. 39.

[392] Le terme cosmogonie vient du grec ''cosmo'' qui signifie monde, et ''gon'' qui veut dire engendrer. Il peut être entendu comme un système expliquant de la formation de l'Univers. La cosmologie se distingue de

fait l'homme à son image, lui a donné le pouvoir et le devoir de nommer tous les êtres et les choses de la création divine. Dans la cosmogonie judéo-chrétienne, le récit de l'opération de nomination des composantes de la création nous est livré dans le livre de la Genèse, au chapitre 2, versets 19 à 20. Le verset 19 nous apprend que « L'Éternel Dieu forma de la terre tous les animaux des champs et tous les oiseaux du ciel, et il les fit venir vers l'homme, pour voir comment il les appellerait, et afin que tout être vivant portât le nom que lui donnerait l'homme »[393]. Le verset 20 précise : « Et l'homme donna des noms à tout le bétail, aux oiseaux du ciel et à tous les animaux des champs ; mais, pour l'homme, il ne trouva point d'aide semblable à lui »[394]. Là-bas comme ici donc, le plus souvent, la chose existe, ou est créée, expérimentée, avant de recevoir un nom[395].

Le drame de l'Afrique d'aujourd'hui a pour cause justement cette difficulté à se penser, à se représenter et à

---

la cosmologie, qui elle renvoie à la *« science des lois générales par lesquelles le monde physique est gouverné »*. Presque toutes les religions et sociétés traditionnelles sont fondées par des récits de cosmogonie, de même que les récits sur la création et les origines de l'univers.

[393] Sainte Bible, Version Louis SEGOND, Édition revue avec références, Alliance Biblique Universelle, p. 11.

[394] *Idem.*

[395] Il faut évidemment préciser que cette voie n'exclut pas l'hypothèse, dans le processus de création, de l'éventualité du nom qui précède la chose créée, chose que ce terme nommera ou qualifiera ultérieurement. En effet, il arrive que le nom soit créé avant la chose inventée. C'est l'exemple de l'inventeur qui annonce qu'il va créer prochainement un nouveau type de véhicule dont la spécificité sera d'avoir trois (03) roues qu'il nomme déjà un ''tricycle''. Dans cette hypothèse, le nom existe déjà, avant la réalisation concrète, physique ou matérielle du véhicule (lequel, certes, existe aussi déjà, mais uniquement de manière immatérielle, dans l'esprit de son concepteur). En d'autres termes, toute chose physique a d'abord existé de manière virtuelle, en termes de concept, d'idée, de vision.

se projeter[396] dans le temps et l'espace, et dont l'une des résultantes est son incapacité à se nommer, à nommer sa propre réalité et les éléments du monde qui l'entourent, à nommer les autres et le monde. Ce travail de nomination est essentiel, car il porte en lui une force de création qui assoit le mythe, et qui permet de matérialiser la chose conçue ou pensée. Chaque réalité est désignée. Elle porte un nom qui ne peut suffisamment être compris en dehors de son contexte d'érection et d'expression. Par ailleurs, chaque concept a une origine située, une histoire vécue, une signification originelle, des sens premiers, seconds, extensifs et dérivatifs, et on ne peut les comprendre véritablement sans en faire l'historicité et l'excavation de la trajectoire épistémologique. Sortis de leurs contextes, les concepts et notions, dans cette dynamique de circulation et dans leurs trajectoires épistémologiques, peuvent perdre en substance et en consistance, plus grave encore, en sens souvent. Dans la rencontre entre un concept et une civilisation, il y a soit acceptation et fusion, soit collision puis rejet. À titre d'illustration, dans une perspective socio-anthropologique se rapportant au langage, si dans le discours occidental les termes de *développement*, d'*émergence* ou de *croissance économique* ont des significations attestées, dans les langues africaines par contre, ces mots ne signifient rien du tout et ne renvoient à rien de précis. La raison en est simple, la survie d'un mot dépend pour beaucoup de l'équivalence fonctionnelle, c'est-à-dire de la possibilité de sa traduction dans la ou les langues locales. Autrement dit, de l'existence des correspondances fonctionnelles, c'est-à-dire, opératoires.

Attention cependant, car ce constat n'est pas celui de la pauvreté des lexiques ou du vocabulaire des langues africaines. Cheikh Anta DIOP le démontre à suffisance,

[396] SARR (Felwine), *Afrotopia*, op. cit., p. 12.

« depuis les premières définitions géométriques jusqu'au calcul différentiel et intégral, il n'y a rien que nous ne puissions exprimer adéquatement en VALAF désormais »[397], et dans de nombreuses autres langues africaines. Ce constat rend simplement compte du fait qu'ontologiquement, *développement*, *émergence* ou *croissance économique* n'évoque rien à l'Africain lambda, d'une part parce que n'ayant pas exactement de correspondants locaux, d'autre part, parce qu'inadaptés à sa conception du monde, à sa vision des choses, à sa compréhension de la vie, à sa réalité quotidienne, en un mot à son univers cognitif et physique. Cet univers qui est éloge de la vie et du vivre-ensemble, où les maîtres-mots sont plutôt *complémentarité, cohésion sociale, concorde, échange, partage, entraine, solidarité, communauté, communautarisme, épanouissement, bien-être, bonheur, progrès*. Ces termes-ci, prononcés et écrits en français ici, sont acceptés et aisément usités, intelligés et compris par l'Africain, parce qu'ils sont identiques ou correspondent à des concepts locaux, mais surtout parce qu'ils expriment une épistémè africaine.

### 3. L'illustration du raisonnement : l'application au concept de développement

Le concept de *« développement »*, par exemple, illustre parfaitement notre propos. D'emblée, le développement a existé en occident, y a été expérimenté et vécu avant d'être qualifié comme tel. C'est-à-dire que la chose (ou l'expérience) a préalablement été attestée, a existé avant que ne soit inventé le concept de « développement » pour la désigner et la qualifier. Or cette chose (ou expérience) est la matérialisation d'une vision du monde, d'une pensée, d'une connaissance et d'un savoir. Elle est le fruit d'un vécu

[397] DIOP (Cheikh Anta), *Alerte sous les tropiques. Articles 1946-1960. Culture et Développement en Afrique noire*, op. cit., p. 38.

fait d'expérimentations plurielles. Elle constitue le résultat d'une succession de décisions et de choix, l'aboutissement (même provisoire) d'un processus d'évaluation et de validation de l'acquis. C'est ce que Felwine SARR dit lorsqu'il affirme, dans ce sens, que « le développement occidental est un projet économique, mais surtout culturel, issu d'un univers particulier »[398]. Comment dès lors projeter l'universalisation d'un projet économique et culturel propre à une société, en l'érigeant en modèle, en référence et en voie unique à suivre par les autres, sans pour autant tomber dans le piège de l'idéologie, c'est-à-dire aussi de la subjectivité, pour ne pas parler d'instrumentalisation et de manipulation ?

Le développement devient, dans cette perspective idéologique et stratégique, « une tentative d'universaliser une entreprise qui a trouvé en Occident son origine et son degré de réalisation le plus abouti »[399]. Cette entreprise, pense Felwine SARR, c'est le mythe occidental du progrès[400], qui est avant tout l'expression d'une pensée qui a rationalisé le monde avant de posséder les moyens de le transformer[401]. C'est une vision évolutionniste et rationalisante de la dynamique sociale qui a réussi le tour de force de « poser les sociétés occidentales comme référents et de disqualifier toutes les trajectoires et formes d'organisation sociales autres »[402].

L'imposition de ce concept en Afrique, à la faveur de l'impérialisme occidental, a entrainé la transposition de ce mythe occidental sur des sociétés à la cosmogonie et à la

---

398 SARR (Felwine), *Afrotopia*, op. cit., p. 25.
399 *Ibid.*, p. 21. L'auteur reprend ici DOMENACH (Jean-Marie), « Crise du développement, crise de rationalité », in MENDÈS (Candido) dir., *Le Mythe du développement*, Paris, Seuil, 1977.
400 SARR (Felwine), *op. cit.*, p. 25.
401 *Idem.*
402 *Idem.*

cosmologie différentes. Cet impérialisme fascisant a eu pour conséquence directe, *premièrement*, de briser la trajectoire évolutive propre à ces sociétés dans la réalisation de leur pacte civilisationnel, *deuxièmement*, de déstructurer par ce fait même l'identité des groupes sociaux africains, de déconstruire leurs représentations du monde, leurs systèmes de croyance, de pensée et de significations, leurs réseaux d'échanges et de solidarité, les enfermant du même coup dans un système de croyances, de normes, de valeurs et de pratiques qui n'est pas le leur[403]. L'occidentalisation du langage et des codes symboliques enfante *ipso facto* l'occidentalisation des valeurs, qui n'est pas qu'une acculturation, mais davantage une aliénation.

Il paraît judicieux de rappeler que le terme « développement » nous vient du verbe développer, qui signifie, *premièrement*, dérouler, étendre, déployer ce qui est enroulé, plié, c'est aussi ôter l'enveloppe, déballer, et *deuxièmement*, c'est cultiver, faire croître, assurer la croissance ou l'extension de quelque chose, c'est augmenter son ampleur, c'est l'agrandir. Ce second sens est celui qui se prête le mieux à la présente analyse. Le développement renvoie donc, dans cette perspective d'essence étymologique, à l'action de faire grandir ou de faire croître quelque chose, telle que les capacités physiques, intellectuelles ou les facultés mémorielles. C'est le fait pour quelque chose de s'accroître, de progresser, de prendre de l'importance, de connaitre une extension, de l'expansion, de l'essor, comme le développement agricole d'un territoire.

Sur le fondement de cette définition étymologique, on peut s'autoriser au moins deux (02) constats majeurs : *le premier*, le développement suppose du mouvement, une dynamique, une trajectoire aussi, c'est-à-dire

---

[403] *Ibid.*, p.25.

définitivement une direction, un sens, un cap ; *le second*, le développement suppose un existant, quelque chose qui est, qui a été fait, qui a été établi, qui a été bâti, et qui doit être « développé », c'est-à-dire porté à extension, à expansion, à agrandissement, à croissance, à augmentation. Ces deux (02) constats valent leur pesant d'or, dans la mesure où ils permettent de mieux comprendre la définition économique courante, qui permet d'appréhender le développement comme *« l'amélioration qualitative et durable d'une économie et de son fonctionnement »*.

La principale conséquence que l'on peut tirer de ces considérations est que le développement se situe dans *une perspective quantitative*. C'est une augmentation de ce qu'on a déjà, de ce qu'on possède déjà, de ce qu'on a déjà fait, de ce qu'on a déjà réalisé, de ce qui existe déjà. C'est un accroissement de ses possessions, une extension du territoire de ses acquisitions, une expansion des frontières de ses biens, et dans une perspective qualitative, une progression de ce qu'on est, une amélioration de ce qu'on est et de ce qu'on a déjà. *Le développement doit donc être* (ce qu'il n'aurait jamais dû cesser d'être) *un plus de soi et un mieux de soi*, une rencontre féconde entre la tradition et la modernité, une combinaison harmonieuse de l'identité et de l'innovation. Ce plus de soi et ce mieux de soi sont la voie salutaire et la condition opératoire de tout développement dans l'authenticité, c'est-à-dire un développement qui a une originalité, finalement une identité.

Or, la conception imposée depuis des décennies à l'Afrique, et qui est condamnée à l'échec, fait du développement, non pas un mouvement qui part de l'intérieur, non pas un construit qui naît de soi, mais plutôt une réalité nouvelle qu'on impose de l'extérieur, un donné qui vient des autres, une chose exportée qui s'inspire de l'extérieur et des autres, une chose qui s'inspire d'autres expériences donc, d'autres trajectoires et finalités nécessairement. Par conséquent, le développement est supposé se réaliser lorsqu'on applique les schémas pensés ailleurs, expérimentés ailleurs, qui ont marché ailleurs. Il n'y a donc plus rien d'authentique ici, ou difficilement. Il n'y a pas de solutions originales adaptées à un contexte particulier. À ce stade, la prétention universaliste de l'Occident prend de l'eau de partout, et coule à pic dans les abysses de la déraison, le béton scellé aux chevilles. Cette « forme d'universalisme qui ne peut penser l'autre qu'en termes de duplication, de dédoublement jusqu'à l'infini d'une image narcissique à laquelle est assujetti celui qui en est la proie »[404].

Appréhendé de la sorte, le développement n'est plus perçu comme *« un plus de soi et un mieux de soi »*, mais un *« devenir l'autre »*, une réplique de l'autre, une pâle copie de l'autre, un clone, sinon un clown. C'est la raison pour laquelle le continent africain est pour l'instant confiné dans cette errance, dans ce château hanté sans porte ni fenêtre, dans cette sorte de trou noir sans fin, sans firmament ni horizon. Malheureusement, il en sera encore ainsi durablement, tant que l'Afrique n'aura pas réussi à s'approprier cette perception singulière du « développement » (*un plus de soi et un mieux de soi*) qui a montré quelques-unes de ses vertus sous d'autres latitudes. Nous pouvons convoquer, à titre d'illustration en effet, la relation de certains pays d'Asie du sud-est (qui s'en sont inspirés) avec les bailleurs de fonds internationaux. C'est le cas de la Corée du Sud ou de Singapour, pays dans lesquels les bailleurs de fonds (institutions de Bretton Woods en l'occurrence), partenaires au développement, n'arrivent pas avec des solutions clés en main, répondant à la question « que voulez-vous ? », par exemple en ce qui concerne les

---

404 MBEMBE (Achille), *De la postcolonie*, op. cit., p. VIII.

projets d'infrastructures. Ici en effet, pendant qu'en Afrique la question posée aux États par les bailleurs de fonds internationaux est justement « que voulez-vous ? », à Singapour ou en Corée du Sud la question sera plutôt « qu'avez-vous ? », car c'est à partir de l'existant que l'on construit des solutions innovantes aux problèmes qui se posent aux sociétés ou aux besoins exprimés par les peuples, jamais autrement.

Les conséquences de cette disparité sont très importantes. Dans le cas africain, les bailleurs de fonds et autres partenaires occidentaux au développement importent des solutions clés en main, allant parfois jusqu'à l'importation des matériaux de construction et de la main-d'œuvre nécessaire. Dans le cas de Singapour et bien d'autres pays d'Asie du sud-est, les gouvernements présentent aux bailleurs de fonds les opportunités de leurs territoires (richesses, ressources naturelles et humaines, matérielles et immatérielles), les atouts que leurs environnements offrent (identité et tradition), et qui constituent dès lors le matériau utilisé pour concevoir, articuler, construire et réaliser le « développement ». Il est sans équivoque qu'ici le « développement » part de l'intérieur et se réalise sur le fondement de l'existant local. Toute proportion gardée, il peut difficilement exister d'éléphants blancs dans un tel schéma.

Tout développement doit être le produit de son environnement. Ce qui, bien entendu, ne répond plus à l'appellation occidentale « développement ». Et la logique de ce développement à l'occidental qui a la prétention d'être porteuse d'un universalisme, et qui s'échine, à la faveur de procédés de normalisation et de standardisation, à reproduire pêle-mêle des hommes, des peuples et des sociétés à l'identique, a montré et éprouvé ses limites en tout état de cause.

### B. La démarche et les procédés

Le postulat défendu et les justifications apportées imposent tant une démarche que des procédés, le tout articulé autour de deux (02) impératifs fonctionnels : le premier est celui d'opérer un tri notionnel et conceptuel sur une base vertueuse et stratégique **(1)**, le second est celui de construire un socle conceptuel nouveau, sur la base des équivalences fonctionnelles **(2)**.

#### 1. Le tri notionnel et conceptuel

En toute logique, il est impératif d'opérer un tri des notions et concepts parmi tous ceux qui existent et qui sont mobilisés dans le monde actuel par la doctrine, la technique et la pratique économiques. Cette opération de tri a vocation à aboutir, d'une part, au bannissement, du vocabulaire économique africain, des concepts comme ceux de *« développement »* ou d'*« émergence »*, d'autre part, à la redéfinition de ceux de *« capital »*, de *« bien »*, de *« ressource »* de *« richesse »*, de *« partage »*, d'*« entraide »*, de *« solidarité »*, de *« communauté »*, de *« collectivité »*, de *« bien-être »*, d'*« évolution »*, de *« croissance »*, de *« progrès »*, de *« changement »*, ou de *« modernité »*, afin de leur conférer des significations singulières et leur affecter des sens plus en phase avec notre réalité et nos valeurs. En d'autres termes, il s'agit de leur (re) donner vie, c'est-à-dire, un supplément d'âme.

#### 2. L'établissement d'un socle conceptuel nouveau

Sur la base du tri de concepts opéré, il s'agira de construire un socle de concepts à l'aune du principe de l'*« équivalence fonctionnelle »*, c'est-à-dire, en classant les concepts (comme d'ailleurs en ce qui est des institutions) triés en fonction de ceux qui disposent d'une équivalence ou d'un correspondant dans nos propres langues et cultures. Nous aurons donc, dans cette perspective, quatre (04) catégories de concepts au moins : *la première catégorie* constituée des concepts économiques propres à l'Afrique et partagés (parce qu'il existe des correspondances) par les différentes ères civilisationnelles ou blocs culturels africains, et qui constitueraient une base pour toute théorie et modèle économique africains (exemples des concepts d'*« être »*, d'*« espace »*, d'*« univers »*, de *« vie »*, de *« changement »*, de *« prospérité »*, d'*« environnement »*, de *« solidarité »*, de *« partage »*, entre autres). *La deuxième catégorie* constituée des concepts propres aux langues africaines et n'ayant pas d'équivalents dans les langues occidentales importées. *La troisième catégorie* composée des concepts partagés (parce qu'il existe des correspondances) entre l'Afrique et les autres continents ou civilisations, en l'occurrence occidentale. *La quatrième catégorie* constituée des concepts occidentaux n'ayant pas d'équivalents africains et qu'il conviendrait, du fait éventuellement de leur importance stratégique ou fonctionnelle, d'adapter en les redéfinissant.

Cet exercice permettrait plus aisément, dans un premier temps, d'une part de distinguer les concepts ontologiquement africains (qui constitueraient dès lors l'originalité de la langue et du langage) de ceux qui ne le sont pas, d'autre part, de déceler les concepts convergents, du point de vue de leurs significations et de leurs implications, entre l'Afrique et l'occident, de même que ceux qui seraient divergents. Dans un second temps, cette opération permettrait de construire, sur la base des convergences (par équivalence ou correspondance) africaines, un « langage économique » commun à tout le continent, médiateur (le langage) entre la pensée africaine et la réalité économique qu'elle objective, en même temps qu'outil de construction et de configuration d'un modèle économique africain. Les insuffisances et limites conceptuelles constatées après cette démarche seraient alors surmontées par la démarche complémentaire suggérée par le savant Cheik Anta Diop, de la composition de mots nouveaux en fonction de nos besoins[405] de pensée, de connaissance, de savoir et de vie.

[405] DIOP (Cheikh Anta), *Alerte sous les tropiques. Articles 1946-1960. Culture et Développement en Afrique noire*, op. cit., p. 39.

# SECONDE PARTIE :

# L'INVENTION D'UN MODÈLE ÉCONOMIQUE AFRICAIN

> *« (...) pour faciliter la recherche et la mise en œuvre d'un modèle africain, l'Afrique pourra s'inspirer dans une certaine mesure de ces voies nouvelles, mais surtout cela légitimera en quelque sorte sa volonté de sortir du modèle de développement occidental ou quasi occidental »*[406].

Comprendre les visions, les stratégies et les processus économiques qui conduisent à la richesse et à la prospérité des nations a toujours constitué la préoccupation majeure de générations successives d'économistes, de philosophes et de penseurs de territoires divers[407].

L'Afrique ne peut pas faire l'économie de l'invention de son propre modèle économique, pour donner corps à son entreprise d'émancipation, de libération et d'accomplissement. Il faut entendre par *« invention »* ici, tant l'action d'inventer que ce qui est inventé. L'invention est une découverte, une nouveauté imaginée qui n'a jamais existé précédemment. Plus précisément, nous l'entendons et l'intelligeons comme l'action d'imaginer ou de créer quelque chose de nouveau. L'invention d'un modèle économique africain a donc pour synonymes ici, la création et/ou la conception dudit modèle. L'imagination, l'intuition et l'intelligence jouent évidemment un rôle déterminant.

---

[406] *Afrique 2025. Quels futurs possibles pour l'Afrique au sud du Sahara ?*, op. cit., p. 184.

[407] NGOA TABI (Henri), (dir.), *Document de Stratégie pour la Croissance et l'Emploi (DSCE) au Cameroun. Comment atteindre une croissance à deux chiffres ?*, Collection Intelligentsia, Afrédit, 2017, p. 17.

Quant au *« modèle »*, il ne renvoie pas ici à ce qui est donné pour servir de référence, de type[408], ni à ce qui est posé pour être reproduit[409], mais désigne davantage une représentation schématique d'un processus, une démarche raisonnée devant aboutir à la création d'un objet ou d'une réalité. Dans un sens emprunté aux sciences et techniques, le modèle désigne, *premièrement*, une maquette ou un plan servant au prototypage, *deuxièmement*, les simulations, de nature prédictive ou diagnostique, généralement mises en œuvre par ordinateur[410], *troisièmement*, un organisme modèle qui est une espèce vivante, élevée ou cultivée, et destinée à des expérimentations scientifiques, *quatrièmement*, le modèle conceptuel visant à la compréhension et au diagnostic, une « vue de l'esprit » analytique ou algorithmique[411], représentant des phénomènes et leurs relations.

Dans les sciences sociales, dans une optique applicable à la fois au domaine de la politique, de la sociologie ou, en ce qui nous concerne, de l'économie, le modèle établit un système de gouvernance à l'intention d'une espèce, d'un genre ou d'une société. À ce titre, et en droite ligne avec la présente réflexion, le modèle justifie une vision et des objectifs, fonde un ensemble de règles d'organisation et de fonctionnement, détermine les normes qui régissent les rapports de système. Il sert donc d'énoncé de référence (ou référentiel), en définissant librement une forme, une structure sociale, éventuellement une communauté. À l'issue de la « démarche de modélisation », qui doit correspondre à la mise en œuvre d'une rationalité et justifier d'une méthode scientifique, le modèle pourra être

[408] Comme un modèle de vertu.
[409] On parle par exemple de copier un modèle.
[410] Tels que les modèles statistiques ou les modèles numériques ou analytiques.
[411] Avec ou sans mathématiques.

expérimenté, implanté et adapté pour être mis en fonctionnement dans le monde réel.

On ne peut donc penser un système économique africain sans au préalable une démarche rationnelle et scientifique de modélisation, qui doit penser, d'une part, *l'économie comme un système* (structure sociale, forme articulée de vie, règles d'organisation et de fonctionnement, identification d'acteurs et de leurs rôles, faisceaux de relations dynamiques et encadrées, etc.), d'autre part, l'*économie comme micro système d'un macro système*. En d'autres termes comme sous-système d'un méta-système (la société), auquel il est intégré, imbriqué, et qu'il sert à titre de principal outil de production, de gestion, de distribution et d'allocation des biens, comme principal instrument de circulation, de commercialisation et de consommation des ressources, des biens et services nécessaires à la vie, à l'épanouissement de la collectivité et à l'accomplissement de son projet de civilisation.

La notion d'*« émancipation »* est cardinale ici, d'emblée du fait de son usage originel. Étymologiquement le mot nous vient du latin *"emancipare"*, qui signifie affranchir un esclave du droit de vente, le ''sauver''. Il est la résultante de la combinaison de *"e"* privatif et *"manucapare"*, qui désigne le fait de prendre par la main (au temps de l'esclavage en effet l'achat des esclaves se faisait en les prenant par la main). Si l'émancipation du point de vue du droit est un acte juridique qui soustrait, de manière anticipée, un mineur à la puissance parentale ou à sa tutelle afin de le rendre capable d'accomplir tous les actes de la vie civile nécessitant la majorité légale, le sens convoqué par extension ici ne s'éloigne pas fondamentalement de l'idée et de l'action d'affranchissement d'une autorité, d'une domination, d'une tutelle, mais aussi d'une servitude, d'une aliénation, d'une entrave, d'une contrainte matérielle et/ou physique, morale et/ou intellectuelle, et même d'un préjugé.

Le terme est évidemment usité à souhait, en l'occurrence lorsqu'est évoquée l'émancipation d'un esclave, celle d'un peuple, d'une colonie, ou dans une perspective abondamment visitée dans le cadre du présent propos, celle de l'émancipation de la pensée. L'émancipation, qui est l'un des éléments moteurs de la transformation de la société, permet donc de se libérer et de devenir indépendant[412].

Évidemment, l'invention par l'Afrique d'un modèle économique nouveau, un modèle économique africain, constitue le second pas vers la décolonisation de la pensée africaine de l'économie. Deux (02) principaux axes peuvent être retenus pour ce faire : le premier, mieux articuler l'économie à l'identité **(Chapitre I)**, le second, mettre l'économie au service d'un projet de civilisation **(Chapitre II)**.

---

[412] Voir les développements consacrés sur http://www.toupie.org/Dictionnaire/Emancipation.htm.

# CHAPITRE I :

## MIEUX ARTICULER L'ÉCONOMIE À L'IDENTITÉ AFRICAINE

> *« À en croire certains, la crise d'identité serait le nouveau mal du siècle »*[413], **Claude LÉVI-STRAUSS.**

L'invention d'un modèle économique propre à l'Afrique, pour faire sens, impose de mieux articuler l'économie ainsi repensée, à l'identité africaine. L'identité désigne globalement le caractère permanent et fondamental de quelqu'un ou d'un groupe, c'est le postulat d'une civilisation, l'acquis structurel et anthropologique qui oriente les subjectivités. L'identité c'est ce qui fait qu'un être est lui-même, c'est-à-dire différent des autres et non opposé ni hostile à eux. Elle est faite des caractéristiques qui rendent cet être différent des autres, et le constituent à la fois comme « ipséité » et « altérité »[414]. L'identité induit « un droit à la différence reconnu à chaque individu ou à chaque groupe d'individus d'afficher ce qui lui appartient et qui le distingue de l'autre : sa mémoire, ses repères, son

---

[413] LÉVI-STRAUSS (Claude), *L'identité*, Séminaire interdisciplinaire dirigé par Claude Lévi-Strauss Professeur au Collège de France de 1974-1975, Quadrige/PUF, Juin 1987, p. 09.

[414] TJADE EONE (Michel), *L'Afrique dans le temps global de la communication. Du local au planétaire,* éd. Clé, Yaoundé, 2012, p. 144.

histoire, ses traditions, sa langue, en un mot, la façon dont il a été, dont il est et dont il veut être »[415].

La question de la crise d'identité est une question fort ancienne dans les sciences sociales. Si Claude LÉVI-STRAUSS affirme que « quand des habitudes séculaires s'effondrent, quand des genres de vie disparaissent, quand de vieilles solidarités s'effritent, il est, certes, fréquent qu'une crise d'identité se produise »[416], il reconnait lui-même, en même temps, que l'identification de cette crise reste difficile, du fait de la complexité des aspects, tant subjectifs qu'objectifs, qui permettent d'affirmer ou d'infirmer son existence[417]. Cependant, s'il reste difficile d'attester de l'existence d'une crise d'identité, il semble de moins en moins impossible d'affirmer la survivance d'identité « pure », du fait du métissage culturel ambiant. Malgré parfois un éloignement dans l'espace et des contenus culturels profondément hétérogènes, les sociétés, de nos jours, semblent difficilement à même de revendiquer une identité sans influence extérieure, c'est-à-dire une identité « pure », séparée, propre[418].

Bien qu'on puisse leur reconnaitre un ADN proclamant leur spécificité, chaque identité aujourd'hui est le fruit de métissages culturels. De même qu'il semble impossible de soutenir l'idée d'identité « pure », autant l'existence d'une identité à la dimension de l'être humain, dans le sens de

---

[415] *Idem.* Voir également MAKON (Richard), *Le Cameroun à la croisée des chemins vers le développement. Les trois défis de l'émergence*, L'Harmattan, Yaoundé, 2017.
[416] LÉVI-STRAUSS (Claude), *op. cit.*, p. 09.
[417] *Ibid.*, p. 10.
[418] BENOIST (Jean-Marie), « Facettes de l'identité », LÉVI-STRAUSS (Claude), L'identité, Séminaire interdisciplinaire dirigé par Claude Lévi-Strauss Professeur au Collège de France de 1974-1975, Quadrige/PUF, Juin 1987, p. 14.

l'unité de l'Homme[419] dans le but « de retrouver la certitude sécurisante d'une nature humaine »[420], parait tout aussi illusoire. Cette « identité universelle de l'Homme à soi, sous la forme, au besoin, d'une subjectivité transcendantale »[421], appelée de tous leurs vœux par certains, trahit une aspiration hégémonique, sous les parures de l'ethnocentrisme. Ce dernier, l'ethnocentrisme, apparaît comme un préjugé sur la base duquel un groupe pense que l'humanité cesse à ses frontières, impliquant de ce fait que les autres groupes, sociétés, communautés, cultures ou civilisations « ne participent pas des vertus – ou même de la nature – humaines, mais sont, tout au plus composés de "mauvais" de "méchants", de "sauvage"[422], de "singes de la terre" ou d'"œufs de poux" »[423]. Dans sa grammaire comme son narratif, cet ethnocentrisme, afro-pessimisme dans ses jours heureux, ethno-fascisme déguisé, n'est que le cache-sexe d'un racisme primitif.

Mais « en quoi consistent la race et le racisme – et inversement en quoi consistent la mise en esclavage et l'assujettissement colonial – sinon en le pouvoir de se représenter autrui comme "déchet" et en la capacité de l'assigner à cet état de déchet "de son vivant même" »[424]. Dans cette configuration détestable, l'autre, affecté du signe « plus » ou du signe « moins », constitue la base d'un « discours raciste »[425] qui a pour conséquence directe de « mobiliser l'autre sur la scène de son propre théâtre

---

419 *Idem.*
420 *Idem.*
421 *Idem.*
422 TOBNER (Odile), « Les intellectuels français et l'Afrique. II- Dans le champ idéologique : Sartre », *op. cit.*, p. 12.
423 BENOIST (Jean-Marie), « Facettes de l'identité », *op. cit.* Jean-Marie BENOIST cite ici LÉVI-STRAUSS (Claude), *Race et histoire*, Méditations, Gonthier, 1961, Nouvelle édition, 1973, p. 21.
424 MBEMBE (Achille), *De la postcolonie*, op. cit., p. VI.
425 TOBNER (Odile), *op. cit.*, p. 12.

névrotique »[426]. Il faut reconnaitre qu'en réalité, « cette différence en "plus" ou en "moins", peu importe, l'expulse de l'humanité "normale". Le sauvage peut être un surhomme ou un sous-homme, parfois d'ailleurs les deux en même temps, ce n'est jamais un homme comme celui qui en parle »[427]. Évidemment, affecter l'autre du signe « égal »[428] réduirait comme une peau de chagrin le champ de cette burlesque fantasmagorie. Ce faible niveau d'intellectualité du langage, « ce dépérissement de l'intelligence chez ces intellectuels occidentaux qui ont du mal à émerger de l'animalité »[429] ne traduit, en fin de compte, qu'« une assez puérile impuissance à saisir la réalité dans sa plénitude sensible, sans la réduire à un détail anatomique ou culturel qui l'appauvrit radicalement, témoignant non de la pauvreté de l'objet saisi, mais la pauvreté du regard qui le saisit »[430].

Jean-Marie BENOIST estime que le remède commun contre cette attitude consistera à généraliser « l'idée de nature humaine, à proclamer une unité de l'Homme et de ses valeurs, voire une déclaration de ses droits »[431], puisqu'il est sans conteste que « seul le mot "homme", au sens d'être humain, désigne une réalité objective. Les mots "noir", "indigène", "sauvage", tout comme ceux de "français", "hottentots", "martiens", [n'étant que] des termes métaphysiques »[432]. Mais si l'ambition de cette « universalisation salvatrice »[433] peut sembler noble, dans un langage quelque peu aseptisé, il ne demeure pas moins

---

426 *Ibid.*, p. 14.
427 *Ibid.*, p. 12.
428 *Idem.*
429 *Idem.*
430 *Ibid.*, pp. 12-13.
431 BENOIST (Jean-Marie), « Facettes de l'identité », *op. cit.*, p. 14.
432 TOBNER (Odile), *op. cit.*, p. 12.
433 BENOIST (Jean-Marie), *op. cit., p.14.*

vrai que le fait que celle-ci s'énonce à partir d'un lieu occidental, où l'on pense à l'unification progressive de l'histoire, peut paraître problématique. Qui plus est, si cette « universalisation salvatrice » se veut hégémonique, consistant « à définir le modèle d'une rationalité européenne comme un absolu »[434].

En dernière analyse, cette « nationalisation de l'idée d'universalisme »[435] à des fins perverses est une tare et un tort. Toute identité se construit et se manifeste donc à partir et au-delà de ces deux (02) bornes de la problématique, dont l'un des pôles est constitué *« d'une singularité déconnectée »*, et l'autre, « d'une identité globalisante peu respectueuse des différences »[436].

L'économie, en tant que science, manière d'utiliser des ressources rares, ou domaine d'interactions, n'est qu'une dimension de la vie sociale qui complète les dimensions politiques, sociales et culturelles. L'ensemble de ces dimensions constitue les articulations principales de tout projet de société. C'est la capacité d'une communauté à articuler cet ensemble à son identité qui peut en faire un projet de civilisation. Cela suppose de préciser la démarche de cette articulation **(I)**, de même que son contenu **(II)**.

## I. LA DÉMARCHE DE L'ARTICULATION

La démarche s'entend dans le langage commun d'une manière de marcher. Par extension, la démarche renvoie à un ensemble de procédés cognitifs, une manière de raisonner, juste en l'occurrence, une suite articulée et cohérente d'idées, mais aussi une méthode.

---

434 *Idem.*

435 MBEMBE (Achille), *De la postcolonie*, op. cit., p. VI.

436 BENOIST (Jean-Marie), « Facettes de l'identité », *op. cit.*, p. 15.

La démarche de l'articulation de l'économie à l'identité culturelle[437] africaine emprunte à ces deux (02) aperceptions de la démarche : *une manière de marcher* **(A)**, pour l'économie entendue comme manière d'utiliser des ressources rares et domaine d'interactions, et *une manière de raisonner* **(B)** pour l'économie considérée comme science ayant pour objet l'étude de la production, de la commercialisation, de la répartition, de la consommation et de la conservation des biens et services rares.

### A. La démarche comme manière de marcher

Comme manière de marcher, l'articulation de l'économie (manière d'utiliser des ressources rares et domaine d'interactions) à l'identité africaine doit emprunter un chemin, adopter un rythme **(2)** et viser l'atteinte d'un but **(1)**.

#### 1. Le but à atteindre

S'agissant premièrement du but à atteindre, il est celui qui détermine les deux (02) autres, à savoir le chemin et le rythme. Ce but à atteindre est un but de liberté et de vie, c'est à la fois la vocation d'une communauté, le rêve d'une société, la raison d'être d'un peuple, la finalité d'une nation, la destinée d'une civilisation : c'est se réaliser et s'accomplir en tant que civilisation humaine, comme projet

---

[437] L'*identité* peut être perçue comme le caractère permanent et fondamental de quelqu'un ou d'un groupe. C'est ce qui fait qu'un être est lui-même, c'est-à-dire différent des autres et non opposé ni hostile à eux. Elle est faite des caractéristiques qui rendent cet être différent des autres et le constituent à la fois comme ''ipséité'', c'est-à-dire comme lui-même et comme ''altérité'', c'est-à-dire comme différent des autres. Pour Michel TJADE EONE, l'identité induit : *« Un droit à la différence reconnu à chaque individu ou à chaque groupe d'individus d'afficher ce qui lui appartient et qui le distingue de l'autre : sa mémoire, ses repères, son histoire, ses traditions, sa langue, en un mot, la façon dont il a été, dont il est et dont il veut être »*[437]. TJADE EONE (Michel), *L'Afrique dans le temps global de la communication. Du local au planétaire,* éd. Clé, Yaoundé, 2012, p. 144.

humain, spirituel, philosophique et matériel, soucieux de sa perpétuation, de son « éternisation ».

L'étude des sociétés humaines nous enseigne à suffisance sur cette volonté, cette ambition, ce projet qu'elles forment toutes, de résister au temps et à l'espace, à s'éterniser de génération en génération, à perpétuer leurs façons d'être, de faire, de penser, de voir, d'entendre, de ressentir, de vivre. Cette volonté, cette ambition, ce projet, qui cache une incertitude, est une ode à la vie et une quête d'avenir. Elle transpire, exprime et suppose une individualité, une typicité, des singularités, des particularismes, une identité propre à des hommes, à des peuples, à des communautés, à des sociétés.

Mais pour atteindre ce but, le point de départ demeure l'affranchissement et la décolonisation de l'Afrique. Cheik Anta DIOP est convaincu de cette heureuse issue, selon lui, « malgré les méthodes d'asservissement moral étudiées jusque dans leurs moindres détails, l'Afrique saura, avec une facilité désespérante, rejeter, comme dans un mouvement de nausée, toutes ces croyances malsaines qui ont atrophié sont âme et l'empêche d'atteindre sa véritable plénitude »[438].

### 2. Le chemin à emprunter et le rythme à suivre

Il faut le dire d'emblée, il n'y a pas de chemin préétabli, pas de chemin donné, parce que tout est tracé. Le chemin à emprunter doit s'inventer, dans la mesure où il n'existe pas. La vie est une découverte quotidienne et l'avenir est une invention permanente. Dès lors, il n'y a ni norme, ni standard, ni modèle en la matière, il n'y a que des expériences situées de vie collectives propres à des environnements et à des sociétés. Une sagesse africaine dit :

[438] DIOP (Cheikh Anta), *Alerte sous les tropiques. Articles 1946-1960. Culture et Développement en Afrique noire*, op. cit., p. 43.

*« toi le marcheur, tu dois savoir qu'il n'y a pas de chemin, mais que le chemin se fait en marchant »*. Prendre le parti de ceux qui vivent et faire le pari de la singularité c'est aussi accepter la contrainte de l'inconnu vers lequel mène chaque pas. Il faut donc, au-delà du dur et du mou, de l'impératif et du contingent, du principal et de l'accessoire, une mise en perspective et en contexte permanente.

Pour ce qui est du rythme, il est à adopter, pas à adapter, dans la mesure où il ne vient pas de l'extérieur, il n'est pas imposé par un mouvement universel, une dynamique mondiale. Felwine SARR a raison lorsqu'il affirme que l'Afrique n'a aucun rythme à suivre, en dehors du sien propre évidemment[439]. Elle n'a aucun retard à rattraper, ni personne à rattraper, dans la mesure où chaque peuple, chaque civilisation a son histoire, son parcours et ses trajectoires, vit ses réalités et ses contradictions, fait face à ses propres contraintes et défis[440]. C'est ce qui fonde chaque peuple à s'évertuer à être heureux, à relever ces défis en usant de ses atouts au meilleur de ses potentialités, en les lisant, les comprenant et les intelligeant à partir de son propre regard, de sa propre conception du monde et de la modernité, sur la base de ses propres valeurs. L'Afrique doit se donner un rythme propre, un tempo singulier, en fixant ses propres objectifs à court, moyen et long termes, en déterminant des objectifs prioritaires, secondaires et accessoires, en fonction de leurs potentiels d'impact le plus direct, d'une part sur la vie quotidienne de ses peuples, d'autre part sur l'accomplissement de leur destinée. Le quotidien fait écho au conjoncturel et convoque l'urgence dans l'élaboration de certaines politiques, l'adoption de certains projets et la mise en place de certains dispositifs pouvant impacter, dans l'immédiat, la qualité de la vie des

---

[439] SAAR (Felwine), *Afrotopia*, op. cit., p.25.
[440] *Idem.*

hommes. L'accomplissement touche au structurel et implique de la préparation, de la maturation des projets qui s'inscrivent dans les moyen et long termes.

### B. La démarche comme manière de raisonner

Comme manière de raisonner, l'articulation de l'économie (science de la production, de la répartition et de la consommation des biens et services rares) à l'identité africaine exige d'abord la formulation d'un postulat **(1)**, ensuite une évolution méthodologique, enfin une rupture épistémologique **(2)**.

#### 1. Le postulat

Comme postulat, l'Afrique doit dorénavant considérer l'économie, de manière stratégique, comme objet d'individualisation[441] et de singularisation[442]. Tout en se considérant comme un être ayant une existence concrète, propre et individuelle, déterminée dans l'espace et le temps, l'Afrique doit mobiliser l'économie comme un instrument de singularisation qui décrit sa spécificité, témoigne de son originalité, imprime ses réalisations.

Reconnaissons-le, ces considérations suggèrent, dans le contexte présent de l'Afrique, une rupture épistémologique. Pour Jean-Marc ELA, « en Afrique où l'appel à la science se fait de plus en plus sentir, il nous faut prendre en compte les limites de la pensée géométrisante qui est à l'œuvre dans la rationalité scientifique occidentale dont l'expansion est

---

[441] L'individualisation est un processus consistant pour un individu à s'approprier sa vie et à ne dépendre que de ce qui lui semble juste pour agir. Ce processus est nommé en philosophie « individualisme éthique ».

[442] La singularisation est le fait de donner un caractère spécifique, une originalité à quelque chose/quelqu'un, de traiter de façon particulière, de rendre singulier. C'est aussi le fait de se différencier, de se distinguer par une façon d'être, de faire ou par quelque chose de spécifique. Cf. https://www.cnrtl.fr/lexicographie/singularisation.

liée à des logiques de destruction et de mort »[443]. De son point de vue, si l'on ne peut réfléchir sur le monde sans réfléchir sur soi-même[444], il importe de définir le type de science, de démarche rationnelle, de concepts explicatifs et exploratoires qu'il importe de convoquer, mobiliser, promouvoir et développer dans les sociétés africaines, en sachant que « la présence de l'être humain au milieu de l'univers est un défi à l'investigation. À cet égard, il n'est pas évident que la science de l'Occident soit un modèle à suivre »[445]. La recommandation induite est donc de procéder à une rupture épistémologique.

### 2. L'évolution méthodologique et la rupture épistémologique

À l'image de la préconisation de Benjamin MATALON, de passer résolument « de l'épistémologie à la sociologie de la connaissance scientifique »[446] pour mieux comprendre la « science en acte »[447] et la relation science/société, l'Afrique doit passer d'une épistémologie désincarnée à une sociologie économique, une sociologie de la connaissance économique. Il est par ailleurs impératif, dans cette démarche ''manière de raisonner'', de dépasser l'approche analytique[448] des phénomènes pour atteindre l'approche

---

[443] ELA (Jean-Marc), *Recherche scientifique et crise de la rationalité*, op. cit., p. 119.

[444] *Idem.*

[445] *Idem.*

[446] MATALON (Benjamin), *La construction de la science. De l'épistémologie à la sociologie de la connaissance*, Paris, Delachaux et Niestlé, 1996.

[447] ELA (Jean-Marc), *Recherche scientifique et crise de la rationalité*, op. cit., p. 119.

[448] L'approche analytique cherche à comprendre un système en modifiant chaque élément l'un après l'autre pour prédire les propriétés du système dans des conditions différentes. Chaque élément ou sous-élément du système devient un problème plus petit et de plus en plus facile à résoudre. L'approche systémique, parfois nommée analyse

cognitive[449], seule à même de questionner au-delà de la nature des choses et des phénomènes, leurs significations et leurs implications.

Cette évolution épistémologique et méthodologique a pour ambition « de prendre au sérieux toute l'épaisseur du quotidien »[450] et de la vie, en vue de comprendre en profondeur, d'intelliger et de rendre compte des dynamiques individuelles et collectives de production, de localisation, de répartition, de commercialisation et de consommation des biens et services rares.

À cette démarche s'ajoute un contenu, aux fins de compléter cette articulation de l'économie à l'identité africaine.

## II. LE CONTENU DE L'ARTICULATION : UNE ÉCONOMIE DES VALEURS AFRICAINES

En termes de contenu, l'articulation de l'économie à l'identité a un fondement essentiellement axiologique, dans

---

systémique, est un champ interdisciplinaire relatif à l'étude d'objets dans leur complexité. Pour tenter d'appréhender cet objet d'étude dans son environnement, dans son fonctionnement, dans ses mécanismes, dans ce qui n'apparait pas en faisant la somme de ses parties, cette démarche vise par exemple à identifier : la ''finalité'' du système, les niveaux d'organisation, les états stables possibles, les échanges entre les parties, les facteurs d'équilibre et de déséquilibre, les boucles logiques et leur dynamique, etc.

[449] L'approche cognitive repose sur le modèle selon lequel l'évaluation que l'on fait d'une situation (c'est-à-dire les pensées ou cognitions, incluant les discours intérieurs, images, scénarios, etc.) est un facteur important qui détermine les émotions et les comportements. La démarche cognitive propose de s'interroger sur ces pensées automatiques et leur mise en place, pour, dans un second temps les remplacer par des observations plus rationnelles et conformes à la réalité. Dans cette perspective, le sujet reprend le contrôle de ses pensées et de leur pertinence.

[450] *Ibid.*, p. 82.

la mesure où cette entreprise repose sur des valeurs. Autrement dit, il convient de penser une économie sur des valeurs, une économie des valeurs africaines **(B)**. La défense, la promotion et la protection de celles-ci doivent constituer la finalité ultime de l'économie, au-delà des finalités apparentes **(A)**.

### A. La finalité ultime : une « économie durable »

Dans la perspective que nous proposons, l'économie a nécessairement une double finalité : *premièrement,* gérer efficacement et durablement les ressources pour la prospérité collective **(1)**, *deuxièmement,* organiser les activités de la collectivité dans l'optique de réaliser son projet de civilisation **(2)**. Cette double finalité porte une finalité ultime, qui est celle de défendre, promouvoir et protéger les valeurs africaines qui transpirent de son projet de civilisation.

#### 1. La dimension technique et managériale : la gestion efficace et durable des ressources pour la prospérité collective

L'économie est à la fois (1) ce qu'on épargne (faire des économies) ; (2) la qualité d'une personne économe, (3) la science qui étudie les mécanismes de l'économie (science économique), (4) l'ensemble des activités d'une collectivité humaine relatives à la production, à la distribution, à la commercialisation et à la consommation des biens et richesses ; et le système régissant ces activités (économie libérale). Sous ce rapport, toute approche du phénomène économique se doit-elle d'être la plus holistique possible, du moins telle doit être son ambition, davantage lorsque cette approche couve l'ambition de penser, de proposer ou de construire un modèle économique autonome. L'Afrique de ce siècle nouveau ne peut plus faire l'impasse sur cette impérieuse nécessité – son propre modèle économique – qui contient en elle-même les clés de son essor.

Dans une dimension strictement technique et managériale, précisément technique dans l'appréhension de l'économie (économie comme science et savoir) et managériale, dans son encadrement et sa gestion (économie comme système intégré), l'économie a pour finalité la gestion efficace et durable des ressources communes pour la prospérité collective. Deux (02) termes sont d'emblée fondamentaux dans ce postulat, le terme *efficace* et celui de *durable*.

L'*efficacité* désigne la capacité d'une personne, d'un groupe ou d'un système à parvenir à ses fins, à ses objectifs, qu'ils soient le fruit de son initiative propre ou qu'ils lui aient été fixés, commandés, imposés, par un sujet extérieur. Sur ce fondement, être efficace n'est rien d'autre que produire, au terme indiqué, les résultats escomptés, réaliser à l'échéance prévue les objectifs fixés, lesquels objectifs peuvent être définis en termes de quantité ou de qualité, de valeur ou d'effectivité, de rapidité ou de durabilité, de coûts ou d'avantages, de bénéfice ou de rentabilité, entre autres. L'un des domaines dans lequel on recourt le plus à la notion d'efficacité est justement le domaine de l'économie et de la gestion, où il est très utilisé sur les questions relatives à la productivité[451] et au rendement[452]. De nombreux autres domaines scientifiques, tels que la mécanique, l'électromécanique, l'électrodynamique, la thermodynamique, la chimie, la biochimie, la biologie et dans les sciences sociales, la sociologie ou le droit, recourent aussi, de manière considérable, à cette notion.

[451] La productivité entend mesurer le degré de contribution d'un ou de facteurs entrants sur la variation du résultat d'un processus examiné.

[452] Le rendement qualifie la manière dont une action, un procédé de transformation, un processus (dans lequel on a initialement donné, investi ou consommé des ressources) rend, retourne, renvoie le résultat prévu ou attendu.

Mais c'est l'appropriation du concept par le droit[453], à travers surtout l'analyse de l'« efficacité économique du droit »[454], qui semble le plus signer, dans son odyssée

---

[453] La question de l'efficacité du droit est une question de plus en plus discutée dans la doctrine juridique contemporaine. Elle a fini par toucher, progressivement, tous les chapitres du droit. On peut noter par exemple tout l'important débat doctrinal récent et actuel sur l'efficacité économique du droit. Christophe JAMIN relève qu'est efficace ce « qui produit l'effet qu'on en attend ». Dès lors que *« l'efficacité implique un rapport entre une fin que l'on souhaite atteindre et des moyens que l'on met en œuvre en vue d'atteindre cette fin. Le moyen qui permet d'atteindre la fin que l'on s'est assignée est alors jugé efficace ».* S'arrêtant sur la question de la justice en France, il souligne que *« l'efficacité de la justice nécessiterait aujourd'hui (1) de rationaliser l'organisation de l'institution, (2) d'améliorer la communication entre ses acteurs, (3) de formaliser encore un peu plus les écritures, et enfin (4) de révolutionner l'audience »*, *in* JAMIN (Christophe), L'efficacité au service de la justice, Rapport de synthèse des Entretiens du Palais, Vie Judiciaire, Gazette du Palais, 2007, p. 2-3.

[454] Selon Jean-Romain FAYARD, *« l'efficacité économique du droit, depuis la crise [de 2007] notamment, a connu une redéfinition, pour accepter une vision plus globale du développement et de la performance économique d'une nation, alors qu'avant l'accent était mis presque exclusivement sur l'efficacité immédiate, à court terme, du droit ».* Pour lui en effet, le débat sur l'efficacité économique du droit recouvre deux (02) visions distinctes : la première vision est celle qui s'intéresse au coût du droit par lui-même (les procédures, les délais, etc.), la seconde vision est celle qui traite du coût social/sociétal d'un bon ou d'un mauvais système juridique (c'est-à-dire un droit apte ou inapte comme institution de développement et de croissance). Cette distinction lui permet de considérer qu'*« en termes d'externalités, le coût pour la société d'un mauvais droit (d'une mauvaise structure/institution juridique et judiciaire) dépasse de loin le coût privé du droit (coût du droit par lui-même, c'est-à-dire des procédures et démarches). Inversement, les externalités positives d'un ''bon droit'' sont bien supérieures à leur coût privé... ».* Cf. FAYARD (Jean-Romain), *Présentation de la position française sur l'efficacité économique du droit*, 5e École internationale d'études pratiques des jeunes juristes-chercheurs et des professionnels du droit, thème : héritage de la science juridique et actualité, Institut de législation et de droit comparé auprès du Gouvernement de la Fédération de Russie.

scientifique en général et sa trajectoire épistémologique en particulier, l'universalisation de la notion. Cette dernière, large dans son acception au demeurant, est souvent confondue avec des notions voisines, telles l'effectivité[455] ou l'efficience[456].

---

Cette question de l'analyse économique du droit (AED) a été relancée après la publication des travaux d'Ejan MACKAAY ; la publication des rapports *Doing Business* depuis 2004 par l'International Finance Corporation (IFC), filiale de la Banque Mondiale, sous la fidélité idéologique de l'école académique de la *Law and Economics* (ce mouvement intellectuel présuppose notamment dans son analyse juridique des facteurs économique, dans un premier temps, un marché économique ouvert et efficient, dans un second temps, une rationalité des acteurs) ; les travaux relatifs à la *« théorie de la régulation »* (au sens anglais de *regulatory* et non de *regulation*) qui se focalise ultimement sur le fait de favoriser la croissance, prévenir et minimiser les crises. Voire pour approfondissement, MAKON MA MBEB (Albert Richard), *La sécurisation de l'investissement direct étranger en droit camerounais*, Thèse de Doctorat/PhD. En Droit Public, Faculté des Sciences Juridiques et Politiques, Université de Yaoundé II, 10 décembre 2016.

455 L'effectivité est le caractère de ce qui est effectif, c'est-à-dire de ce qui produit un effet. Par exemple, on dit d'un programme qu'il est effectif si on remarque des effets (généralement positifs) sur les acteurs de ce programme.

456 L'efficience est la capacité d'un individu, d'un ensemble d'individus, d'une machine ou d'une technique à obtenir le maximum de résultats avec le minimum de moyens, de coûts, d'effort ou d'énergie. En d'autres termes, c'est l'aptitude à réaliser de manière rationnelle de bonnes performances pour une activité ou un travail donné ; c'est l'aptitude à optimiser les moyens disponibles ou alloués pour atteindre un résultat. En économie où cette notion est synonyme de capacité de rendement, de performance, de productivité ou de rentabilité, l'efficience s'analyse comme le rapport entre les résultats obtenus et les ressources financières mobilisées. Elle permet de savoir si une décision, d'investissement par exemple, permettra de dégager un profit ou d'engendrer une perte. Elle peut se mesurer à l'aide d'indicateurs comme la valeur actuelle nette (VAN), le taux de rentabilité interne (ou TRI) ou le temps de retour (délai de récupération). Évidemment *l'efficience* ne doit pas être confondue avec

Quant au terme *durable*, il désigne ce qui est de nature à mettre long, à durer longtemps, c'est-à-dire aussi ce qui présente une certaine stabilité, une certaine résistance, une certaine permanence aussi. La durabilité ici a donc trois (03) dimensions au moins : d'abord, elle renvoie à ce qui peut durer longtemps (une source d'énergie par exemple) ; ensuite, elle désigne ce qui est capable de résister à l'usure du temps et à la détérioration du fait des effets conjugués des usages, des conditions environnementales, du temps et de l'espace (un matériau à titre d'illustration) ; enfin, elle fait référence à ce qui dure longtemps sans changement, tels une relation, un pouvoir, un contrôle exercé sur quelqu'un ou sur quelque chose. On peut donc parler, invariablement, de projet durable, d'équipement durable, de contrôle durable ou, plus en rapport avec la présente analyse, de développement durable[457], et donc, d'« économie durable ».

---

*l'efficacité* qui est la capacité à atteindre des objectifs prédéfinis sans considération des moyens utilisés. L'efficience ne garantit pas l'efficacité et inversement. Par exemple deux médicaments peuvent être efficaces en guérissant une maladie, mais l'un peut être plus efficient que l'autre s'il agit plus rapidement, s'il coûte moins cher ou s'il a moins d'effets secondaires sur le patient. Pour plus de détails, voir http://www.toupie.org/Dictionnaire/Efficience.htm.

[457] Le développement durable (en anglais *sustainable development*) est une nouvelle conception de la croissance économique, pensée d'emblée dans une perspective de long terme et qui intègre les contraintes liées à l'environnement et au fonctionnement de la société. Le développement durable, selon le rapport de la Commission mondiale sur l'environnement et le développement de l'Organisation des Nations unies (ONU), dénommé *''Rapport Brundtland''*, auquel l'on doit l'invention du concept en 1987, est « un développement qui répond aux besoins du présent sans compromettre la capacité des générations futures à répondre à leurs propres besoins ». Cette notion appelle à la prise de conscience du caractère extinguible des ressources naturelles et des limites de la planète sur le long terme.

L'***économie durable*** est celle-là qui prend en compte les aspects humains, sociaux, environnementaux et éthiques de la production, de la distribution, de la commercialisation et de la consommation des ressources et des biens, de manière à répondre aux besoins du présent sans jamais compromettre la capacité des générations futures à répondre à leurs propres besoins. L'économie durable est nécessairement une *économie solidaire*. Le concept d'économie solidaire a été développé en lien ou en droite ligne de l'étude des ‘‘problèmes de développement des pays du tiers monde’’[458], en l'occurrence les problèmes des politiques et stratégies de développement et les difficultés sociales rencontrées au sein de cette catégorie de pays, tels que les crises urbaines, l'exode rural, le chômage de masse et sous-emploi, la délinquance juvénile, le banditisme, la prostitution, entre autres. En termes de contenu, l'économie solidaire recouvre des activités qui relèvent d'une logique non marchande et qui repose sur des relations de réciprocité et de proximité[459]. Les relations au sein des unités domestiques (prêts, dons, troc, échanges de services, etc.) ou des relations de voisinage par exemple relèvent de l'économie solidaire[460]. Il convient de relever que dans l'économie solidaire on considère qu'il existe des relations de proximité qui sont fondamentales et nécessaires à la vie et à la cohésion sociale, et dont la demande ne devrait pas être solvable (telles que l'éducation, la santé, la réhabilitation des personnes handicapées, la prise en charge des personnes âgées, etc.)[461]. Cette économie a pour

---

458 BEITONE (Alain), CAZORLA (Antoine), DOLLO (Christine), DRAI (Anne-Mary), *Dictionnaire des sciences économiques*, op. cit., p. 158.

459 *Idem.*

460 *Idem.*

461 *Idem.*

principes de fonctionnement la gestion en réseau, la décentralisation des décisions et le primat de la proximité.

Dans une certaine perspective, l'économie solidaire est d'abord une économie sociale[462], qui dans sa seconde signification désigne un ensemble d'activités économiques qui ne relèvent ni de la logique capitaliste (recherche du profit), ni de la logique étatique (administration et entreprises publiques, recherche de l'intérêt général)[463]. Les coopératives, les mutuelles, les associations relèvent de l'économie sociale. Comme on peut aisément le constater, ces institutions se caractérisent, d'une part, par leur but non lucratif (en d'autres termes ici que dans le cadre de leur fonctionnement on ne rémunère pas le capital) et d'autre part, par leurs principes de fonctionnement démocratiques (le principe de participation de tout mutualiste ou coopérateur à la prise de décision ; le principe d'un mutualiste/coopérateur une seule voix)[464].

Dans sa conception donc, l'*économie durable* est une *« économie solidaire »*, et se rapproche de ce qu'Isabelle DELANNOY théorise sous le concept d'*« économie*

---

[462] *Ibid.*, pp. 157-158. L'économie solidaire est l'autre nom de l'économie sociale, dans la seconde signification conférée à l'économie sociale. Dans sa première signification en effet, l'économie sociale est une partie de l'économie politique qui se consacre à l'étude de la répartition des revenus et des richesses d'un point de vue normatif : son critère est le ''juste''. C'est un courant de l'économie politique portée par Léon WALRAS. L'importante différence entre l'économie sociale et l'économie solidaire réside dans le simple fait que les entreprises de l'économie sociale interviennent dans la sphère marchande (ce sont pour l'essentiel de grandes structures gérées de façon verticale) alors que l'économie solidaire met l'accent sur la gestion en réseau, la décentralisation des décisions, le primat de la proximité.
[463] *Idem.*
[464] *Idem.*

*symbiotique »*[465]. Celle-ci se réalise à partir de la réunion de trois (03) intelligences (les services rendus par les machines, par l'écosystème humain et par les écosystèmes vivants) et DELANNOY l'intellige comme une économie qui régénère le milieu dont elle dépend, les écosystèmes sociaux (environnement, société, État, entreprises, associations, entre autres)[466] en l'occurrence[467]. Mais cette économie durable a nécessairement aussi quelques traits de ce qu'Arthur Cecil PIGOU a conceptualisé et théorisé en son temps sous le concept d'*« économie du bien-être »*[468]. Celle-ci est une branche de l'économie qui s'intéresse à la définition et à la mesure du bien-être social, ainsi qu'au cadre d'étude à partir duquel sont conçues les politiques publiques. Dans sa conceptualisation, elle inaugure une approche qui légitime l'intervention de l'État dans le champ économique dès lors que celle-ci vise à remédier aux conséquences des imperfections et des défaillances du marché, telles que les effets externes ou les monopoles naturels[469]. Cette approche économique ancienne, combattue par certains libéraux au motif de l'incapacité des outils qu'elle propose à répondre aux questions

---

[465] DELANNOY (Isabelle), *L'économie symbiotique. Régénérer la planète, l'économie et la société*, Actes Sud Editions, 4 octobre 2017.
[466] *Idem.* Isabelle DELANNOY estime que l'économie symbiotique la seule théorie réellement intégrative des économies soutenables. Dans cette perspective, il s'agit de répondre à la question suivante : comment pouvons-nous mettre en symbiose les solutions suivantes : se servir durablement des écosystèmes, réduire les activités extractives et partager l'intelligence collective ?
[467] Voir pour approfondissement sur le sujet BÜRGENMEIER (Beat), *Economie du développement durable*, Bruxelles, de Boeck, Collection Questions d'économie et de gestion, 2004.
[468] BEITONE (Alain), CAZORLA (Antoine), DOLLO (Christine), DRAI (Anne-Mary), *Dictionnaire des sciences économiques*, op. cit., p. 145.
[469] *Idem.*

soulevées[470], étudie notamment les critères d'une redistribution des revenus qui rapprocherait ainsi la situation économique de l'optimum[471]. Au demeurant, plus que les controverses entre économistes de divers courants qu'elle suscite, ce sont les pistes d'innovation sociale que cette approche ouvre, en l'occurrence l'idée de la possibilité de redistribuer le bien-être à travers l'économie, grâce à une nouvelle théorie de l'équité[472], qui semble en définitive fondamentale et nécessaire à approfondir.

L'avènement d'une économie durable renforce à court terme l'efficacité des politiques publiques nationales[473] et la compétitivité des économies africaines, et à moyen et long termes, inscrit dans la durée les trajectoires d'accomplissement des peuples africains. La gestion efficace et durable des ressources communes, l'utilisation durable et intelligente de l'environnement, dans l'intérêt individuel et collectif, « la nécessaire décarbonisation de l'économie »[474] et la priorisation des énergies vertes, recyclables et renouvelables, entre autres impliquent véritablement un changement en profondeur de la manière

---

[470] Mais les pistes ouvertes par ses développements récents semblent pouvoir repousser les limites auxquelles se heurtaient les travaux fondateurs. Voir à ce sujet BAUJARD (Antoinette), « De l'économie du bien-être à la théorie de l'équité », *Les Cahiers français : documents d'actualité*, La Documentation française, La pensée économique contemporaine (363), 2011, pp.82-87.

[471] BEITONE (Alain), CAZORLA (Antoine), DOLLO (Christine), DRAI (Anne-Mary), *op. cit.,p.158.*

[472] BAUJARD (Antoinette), « De l'économie du bien-être à la théorie de l'équité », op. cit., pp.82-87

[473] En l'occurrence, s'agissant de la gestion de la ressource humaine (bien-être des hommes, éducation, formation, santé, sécurité, etc.), de l'allocation des biens, de l'utilisation des ressources naturelles (réduction de la dépendance aux ressources naturelles, allègement de la dépendance aux fluctuations de prix des matières premières, etc.), de la construction des infrastructures et des équipements, entre autres.

[474] MBEMBE (Achille), *Brutalisme*, op. cit., p. 28.

de concevoir et de conduire l'économie. Celle-ci appelle à un « dépassement de la dimension [strictement] économique » de la réflexion[475] en rediscutant par exemple la question de l'environnement en particulier, et du vivant dans sa globalité. Les ressources s'épuisent et doivent donc être exploitées intelligemment et renouvelées systématiquement, comme le prescrivaient déjà en leur temps Victor RIQUETI Marquis DE MIRABEAU et François QUESNAY dans leur philosophie rurale. Ils affirmaient : « l'acte du mouvement porte sur deux balanciers égaux en force et en action, à savoir la destruction et la régénération. Telle est la machine de la nature… C'est dans l'emploi et la régénération, c'est-à-dire dans la consommation et la reproduction, que consiste le mouvement qui condense la société et qui perpétue sa durée »[476]. C'est dans le prolongement et l'approfondissement de cette perspective que se situe Beat BÜRGENMEIER lorsqu'il appelle à l'avènement réel et à l'élaboration effective de « la théorie économique de l'environnement »[477], tant dans son important plaidoyer pour une économie sociale planétaire que dans sa promotion d'une « économie du développement durable »[478]. L'avènement de cette économie durable est de la responsabilité de tous les Africains, citoyens, entreprises, sociétés, gouvernements et institutions communautaires.

---

[475] BÜRGENMEIER (Beat), *Plaidoyer pour une économie sociale*, Paris, Economica, Collection Économie Contemporaine, 1990, p. 164.
[476] QUESNAY (François), MIRABEAU (Victor), *Philosophie rurale*, Amsterdam, 1763, p. 36, cité par Henri DENIS, *in* DENIS (Henri), *La formation de la science économique*, Paris, Presses universitaires de France, Collection Thémis, 1973, p. 10.
[477] BÜRGENMEIER (Beat), *Plaidoyer pour une économie sociale*, op. cit., p. 152.
[478] BÜRGENMEIER (Beat), *Économie du développement durable*, op. cit., pp.05-07.

Pour y parvenir, autant les entreprises doivent intégrer le développement durable et la responsabilité sociale des entreprises (RSE) dans leurs modèles économiques et leurs *business plans* à toutes les étapes de leurs processus d'implantation, de croissance, de projection et de positionnement, de même les États, d'une part, doivent s'y résoudre dans leurs projets de société (qui doivent adresser tous les défis sociétaux de l'heure et anticiper sur ceux à venir), et l'Afrique, d'autre part, se doit de l'incarner dans son projet de civilisation.

### 2. La dimension politique et philosophique : organiser les activités économiques dans l'optique de la réalisation d'un projet de civilisation

L'économie durable envisagée ici ne se résume pas à la gestion efficacement et durablement des ressources communes pour la prospérité collective (c'est-à-dire à la dimension technique et managériale de l'économie), mais intègre également, et nécessairement, l'exigence d'organisation des activités de la collectivité dans l'optique de réaliser le projet civilisationnel de la société. Ce dernier point constitue la dimension politique et philosophique de l'économie durable, envisagée dans une perspective nationale et/ou régionale. Plus encore, la réalisation du projet de civilisation de la société en particulier, et de l'Afrique en général, constitue la finalité ultime tant de la gestion efficace et durable des ressources disponibles, que de l'organisation efficiente des activités économiques de la communauté.

Il s'agit de l'ensemble des activités d'une collectivité humaine relatives à la production, à la circulation et aux usages divers des biens, richesses et services, mais aussi de la gestion harmonieuse du système ainsi constitué, régissant toutes ces catégories d'activités. L'économie libérale, aujourd'hui dominante, constitue une parfaite illustration de système économique, évidemment « si le mot système devait être pris dans un sens qui renverrait à une quelconque idée de cohérence logique »[479]. Au-delà donc du sens littéral tiré du grec *systêma*[480], qui signifie assemblage ou composition, et qui peut être entendu comme un « ensemble organisé d'éléments intellectuels »[481], et davantage dans le sens consacré en Histoire et Théorie des Sciences[482]. C'est-à-dire, un « ensemble conçu par l'esprit (à titre d'hypothèse ou de croyance), d'objets de pensée unis par une loi »[483], ou, à tout le moins, « un ensemble d'idées, logiquement solidaires, considérées dans leurs relations »[484].

En outre, cette économie durable se conçoit du point de vue de l'intelligence, comme un système articulant ses

---

479 ROMANO (Santi), *L'ordre juridique*, Traduction française de l'*Ordinamento guiridico* par Lucien FRANÇOIS et Pierre GOTHOT, 2e édition, Paris, Dalloz, 2002, p. VII. Voire pour approfondissement, MAKON MA MBEB (Albert Richard), *La sécurisation de l'investissement direct étranger en droit camerounais*, Thèse de Doctorat/PhD. En Droit Public, Faculté des Sciences Juridiques et Politiques, Université de Yaoundé II, 10 décembre 2016.

480 *« Selon la théorie des systèmes, le système se repère par la distinction entre un dedans et un dehors, un intérieur et un extérieur, le système et son environnement. À la limite, le système est la différence avec son environnement », in* FRYDMAN (Benoit), « Les nouveaux rapports entre droit et économie : trois hypothèses concurrentes », KIRAT (Thierry) et SERVERIN (Evelyne), (dir.), *Le droit dans l'action économique*, Paris, CNRS éditions, 2000, p. 07.

481 *Dictionnaire alphabétique et analogique de la langue française LE ROBERT*, op. cit., Tome 6e, p. 444.

482 *Idem.*

483 *Idem.*

484 *Idem.* Dans cette logique Honoré DE BALZAC affirme que *« ce n'est donc point à être libre de tout esprit de système que l'historien doit mettre sa gloire, mais à suivre un bon système, ou, en d'autres termes, à coordonner les faits historiques de manière que leur enchainement soit clair et instructif, et que la loi s'en trouve déterminée »*. Cf. BALZAC (Honoré de), *Le feuilleton*, XI, Œuvre div., Tome I, p. 428.

dimensions (production, distribution, commercialisation, consommation) autour de la triple loi de l'ordre, de l'équilibre et de l'interdépendance des différentes composantes physique, spirituelle, matérielles et immatérielles de l'univers. En d'autres mots, ce système construit sa cohérence par sa capacité à autoriser ou à interdire, à promouvoir ou à prohiber, telle ou telle activité (de production, de distribution, de commercialisation ou de consommation) parce que conforme ou contraire à la triple loi d'ordre, d'équilibre et d'interdépendance qui encadre et garantie la réalisation de ce projet de civilisation.

Ce système qui organise et structure le fonctionnement de cette économie durable n'existe pas encore et doit nécessairement être pensé, à travers ou sur le fondement de ces prémisses, et des prémisses similaires. Seule une telle démarche est à même d'affecter de la cohérence à tout projet d'émancipation et d'affranchissement de l'Afrique, tout en conférant à celle-ci une originalité marquée et une puissance féconde avérée, créatrice de sens et de vie.

### B. Les valeurs de l'économie

L'articulation de l'économie à l'identité repose sur un fondement axiologique. En termes de contenu, cette articulation se fait par des valeurs, en même temps qu'elle est assise sur elles. Il s'agit à ce sujet de penser une économie des valeurs, une économie sur des valeurs africaines, une économie à travers ces valeurs. Cette optique impose quelques considérations sur lesdites valeurs, d'ordre général **(1)** et d'ordre particulier **(2)**.

#### 1. Considérations générales : valeurs universelles, valeurs transculturelles, valeurs anhistoriques

La question des valeurs est toujours très actuelle et l'intérêt suscité par le concept de valeur est très ancien. Son origine est souvent située dans la Grèce antique, avec les écrits de Platon sur le fondement des gouvernements et de la responsabilité des citoyens. Erik ESSOUSSE, envisageant l'existence de « valeurs fondamentales parfaites »[485], pose ces dernières comme étant propres au genre humain et connues de toutes les civilisations. Ces valeurs sont « spirituelles, intellectuelles, éthiques, morales, esthétiques et sacrées, celles de l'éducation, de la formation, de la recherche, de la créativité et de la culture, les valeurs civiques et citoyennes, sociales et sanitaires, politiques, scientifiques, techniques, technologiques et industrielles, économiques et managériales, et celles qui donnent la satisfaction, le bonheur et la plénitude »[486]. Pour ce penseur en effet, l'Afrique n'a pas attendu Platon et la Grèce antique, car « certaines de ces valeurs parfaites étaient déjà familières à l'Afrique antique égyptienne, éthiopienne, nubienne et même aux grands Empires africains (Ghana, Mali, Benin, Congo, etc.), notamment les valeurs sacrées de Dieu, de la religion, de la sagesse, de la famille, de la solidarité, du communautarisme, de l'honnêteté, de la discipline, de l'amour, du travail et de l'effort, etc. »[487]. De son point de vue, « c'est l'irruption brutale de l'Europe au 15e siècle dans le cours de cette évolution heureuse de l'Afrique qui l'a stoppée pendant cinq siècles, par le traumatisme profond causé par l'esclavage, la colonisation, la domination féroce et l'impérialisme. L'homme noir avili, déstructuré, désaxé, honni, déconsidéré est entré dans une longue et profonde décadence »[488].

---

[485] ESSOUSSE (Erik), *Valeurs fondamentales parfaites et développement de l'Afrique. De la Renaissance aux Lumières africaines*, L'Harmattan, 2018.

[486] *Ibid.*, p. 24.

[487] *Ibid., p.24.*

[488] *Idem.*

De tout temps, les valeurs ont constitué un concept central dans la vie publique, du fait de leur importance capitale dans la compréhension et l'explication tant de l'organisation, du fonctionnement, que des changements individuels et/ou sociaux. C'est donc un concept historique, politique, psychologique, sociologique, anthropologique, juridique, théologique, entre autres, de première importance.

Les valeurs servent à distinguer les individus, les groupes et les sociétés, à suivre le changement au fil du temps dans un espace donné. Elles sont utilisées à l'effet d'expliquer les motivations de base qui sous-tendent les attitudes, les comportements, les positions et les postures des acteurs. Sur le plan strictement juridique, les valeurs sont à l'origine des lois, des règles, des conventions et des coutumes qui régissent les groupes et les relations entre les individus qui les composent[489].

Au-delà des controverses doctrinales sur la définition du concept en lui-même et la détermination des valeurs de base, leur contenu, la structure des relations qu'elles entretiennent, une valeur peut s'entendre comme *« ce qui est posé comme vrai, beau, bien, d'un point de vue personnel ou selon les critères d'une société et qui est donné comme un idéal à atteindre, comme quelque chose à défendre »*. Ces valeurs sont essentielles à la marche et à la survie d'une collectivité humaine. C'est d'ailleurs pourquoi, les sociétés qui en ont perçu l'intérêt se dotent de « systèmes de valeurs » qui leur sont propres. Ces valeurs, en plus d'être des convictions de vie, constituent des repères essentiels qui inspirent des choix cruciaux, des phares qui orientent des trajectoires, des balises qui encadrent des actions et des comportements. Elles permettent de dessiner

---

[489] http://valeurs.universelles.free.fr/valeurs.html.

une vision de la vie, de colorer des traits de personnalité, d'élaborer des indicateurs et de fixer des repères.

Lorsqu'elles sont clairement identifiées et promues comme éléments de l'identité culturelle, ces valeurs constituent un puissant héritage, acquis d'une longue et patiente transmission intergénérationnelle, et s'imposent comme un objectif d'éducation.

Sur le débat relatif aux valeurs dites universelles, Shalom SCHWARTZ estime qu'il existe une organisation universelle des motivations humaines, permettant d'identifier ces valeurs universelles sur la base de six (06) considérations principales : (1) les valeurs sont des croyances associées de manière indissociable aux affects ; (2) les valeurs ont trait à des objectifs désirables qui motivent l'action ; (3) les valeurs transcendent les actions et les situations spécifiques ; (4) les valeurs servent d'étalons ou de critères ; (5) les valeurs sont classées par ordre d'importance les unes par rapport aux autres ; (6) l'importance relative de multiples valeurs guide l'action[490].

Ces considérations qui sont autant de caractéristiques, selon l'auteur, concernent toutes les valeurs, lesquelles englobent le champ des différentes valeurs reconnues par toutes les cultures. Pour lui les *dix (10) valeurs* de base sont *l'autonomie, la stimulation, l'hédonisme, la réussite, le pouvoir, la sécurité, la conformité, la tradition, la bienveillance et l'universalisme*[491]. Ces valeurs dites

---

490 Voir SCHWARTZ (Shalom), *Les valeurs de base de la personne : théorie, mesures et applications*, traduction Béatrice HAMMER et Monique WACH, *Revue française de sociologie*, Ed Ophrys, 2006/4 - Volume 47, pages 929 à 968.

491 Une version antérieure de la théorie des valeurs (Schwartz, 1992) émettait l'hypothèse d'une onzième valeur de base quasi universelle : la spiritualité. L'objectif des valeurs de spiritualité est le sens, la cohérence et l'harmonie intérieures, obtenus en transcendant la réalité quotidienne.

universelles sont souvent qualifiées de " valeurs fondamentales ". Ces valeurs transculturelles, anhistoriques, sont perçues comme naturelles et spontanées, correspondant à autant de besoins essentiels pour l'équilibre et l'épanouissement de l'homme.

S'agissant des « valeurs fondamentales parfaites », Erik ESSOUSSE, sans être d'ailleurs exhaustif, en dénombre une bonne vingtaine : « Dieu, première valeur parfaite »[492], « l'Homme, deuxième valeur parfaite après Dieu »[493], la science[494], la connaissance[495], l'intelligence et la sagesse[496], l'amour[497], la bonté, le bien et la joie[498], la vérité, la justice et la paix[499], la lumière, la liberté et la vertu[500], le salut, la plénitude et le bonheur[501]. Cette perspective en apparence globalisante d'Erik ESSOUSSE a la particularité de n'intégrer quasiment aucune des dix (10) « valeurs universelles » identifiées par Shalom SCHWARTZ, à moins de procéder ici à une extension des significations, permettant de considérer par exemple comme synonymes « la bienveillance » de SCHWARTZ et « la bonté » d'ESSOUSSE. En fin de compte, c'est peut-être pour dire qu'aucune des « valeurs universelles », en réalité traduction d'une épistémè impérialiste et hégémonique, n'est une « valeur fondamentale parfaite ». Mais en tout état de cause, ces considérations générales, tout en confirmant la

---

492 ESSOUSSE (Erik), *Valeurs fondamentales parfaites et développement de l'Afrique. De la Renaissance aux Lumières africaines*, op. cit., p. 48.
493 *Ibid.*, p. 70.
494 *Ibid.*, p. 57.
495 *Ibid.*, p. 55.
496 *Idem.*
497 *Ibid.*, p. 59.
498 *Ibid.*, p. 60.
499 *Ibid.*, p. 61.
500 *Ibid.*, pp. 61-62.
501 *Ibid.*, pp. 63-66.

complexité de la question des valeurs, confortent également l'intérêt d'une identification des « valeurs africaines ».

### 2. Considérations particulières : l'existence des valeurs africaines

Si l'on part du postulat que les valeurs identifiées par Shalom SCHWARTZ (l'autonomie, la stimulation, l'hédonisme, la réussite, le pouvoir, la sécurité, la conformité, la tradition, la bienveillance et l'universalisme) sont des valeurs universelles, parce que reconnues par toutes les cultures, il existe également, de manière inévitable, des valeurs propres à chaque culture ou à chaque civilisation. En d'autres termes, il n'existe pas d'universalisme sans particularisme. Cela signifie que s'il existe des « valeurs universelles », parce considérées comme propres à la totalité de l'espèce humaine, il existe aussi, forcément, nécessairement, des valeurs particulières et situées, c'est-à-dire propres à chaque contexte historique et politique, à chaque aire géographique et culturelle, à chaque continent, à chaque civilisation et même à chaque pays.

Cheikh ANTA DIOP démontre qu'il existait déjà à l'origine, c'est-à-dire « avant le contact suivi des peuples et des nations, avant l'ère des influences réciproques »[502], des différences entre les peuples du monde[503]. Même si ces différences étaient non-essentielles, parce que tenant davantage au climat et aux conditions particulières de vie[504], au fil du temps, certaines d'entre elles se sont amplifiées, quand d'autres s'atténuaient, et parfois disparaissaient. Mais seul un travail d'investigation de soi et de reconnaissance de soi, primordial pour tout peuple,

---

502 DIOP (Cheikh Anta), *L'unité culturelle de l'Afrique Noire*, Présence Africaine, Seconde édition, 1982, p. 09.
503 *Idem.*
504 *Idem.*

peut permettre de « remonter jusqu'à ce moule primitif [pour] identifier les influences étrangères qui se sont superposées »[505]. En le faisant, le peuple en question s'aperçoit « de ce qui est solide et valable dans ses propres structures culturelles et sociales, dans sa pensée en général ; il s'aperçoit aussi de ce qu'il y a de faible dans celles-ci et qui par conséquent n'a pas résisté au temps »[506].

Cette investigation de soi, cette exploration du passé d'un peuple, a pour vocation à révéler « l'ampleur réelle de ses emprunts »[507], en termes des us et coutumes, de pratiques et de techniques, de normes et de valeurs, de façon de vivre, de faire, de voir, d'être, et de penser. À partir de cet instant, « il a une nouvelle conscience de ses valeurs et peut définir maintenant sa mission culturelle, non passionnément, mais d'une façon objective, car il voit mieux les valeurs culturelles qu'il est le plus apte, compte tenu de son état d'évolution, à développer et à apporter aux autres peuples »[508]. Seulement, il convient de préciser que le particularisme ne saurait être un exclusivisme. Autrement dit, chaque peuple, chaque continent, a ses propres valeurs, et ces valeurs africaines particulières ne sont pas exclusives, dans la mesure où elles peuvent se retrouver ailleurs, dans d'autres espaces culturels et civilisationnels. Elles sont simplement particulières, dans la mesure où elles sont celles qui définissent le mieux la culture et la civilisation africaines.

Ces valeurs africaines sont influencées par le rapport de l'Africain à soi, à l'autre, au monde, à la vie (l'environnement, la nature, l'univers, le cosmos, etc.). Ce

---

[505] *Idem.*
[506] *Idem.*
[507] *Idem.*
[508] *Ibid.*, p. 10.

rapport est marqué par la « physicité »[509], qui rend compte de ce que l'univers est à la fois matériel et immatériel, et s'appréhende effectivement comme un champ de forces et d'énergies autant positives que négatives, stables et instables[510]. Ce sont des énergies vivantes et des énergies de vie, des forces passives et actives, toutes soumises au principe de l'interaction et qui, comme les forces en physique et en mécanique, peuvent s'additionner et fusionner, se réduire et se fragmenter, se détruire ou se neutraliser[511]. Cheikh Anta DIOP estime d'ailleurs qu'« il y a une communication instinctive entre l'Africain et la nature qu'aucune croyance ne saurait abolir sans être néfaste pour lui. Et c'est grâce à cette communion que l'Africain pourra atteindre son niveau humain véritable, spécifique, la réalisation de toutes les possibilités qu'il porte en lui »[512].

Mais ces valeurs africaines sont aussi suscitées par le rapport de l'Africain à l'absolu (Dieu, la vie, la mort, la destinée, la foi, le sacré, le permis, l'interdit, le possible, l'impossible, etc.). Sous ce rapport, dans l'esquisse de la comptabilité de ces valeurs, nous pouvons loger à titre principal *le caractère sacré de la vie, la crainte et la foi en Dieu, la solidarité, la fraternité, la liberté, la justice, l'harmonie, l'équilibre*.

---

509 Abdoulaye WADE affirme : « Pour moi, l'originalité de notre ontologie, c'est sa physicité fondamentale. La pensée nègre ignore totalement la notion d'un esprit immatériel. Pour le Nègre, l'univers est peuplé d'êtres nombreux et divers, mais pas nécessairement visibles pour l'humain. Il y a cependant des manifestations de leur présence que seul l'initié peut déceler (…) », *in* WADE (Abdoulaye), *Un destin pour l'Afrique*, Michel Lafon, 2005, p. 58.

510 *Idem.*

511 *Ibid.*, pp. 58-61.

512 DIOP (Cheikh Anta), *Alerte sous les tropiques. Articles 1946-1960. Culture et Développement en Afrique noire*, op. cit., p. 43.

Ce sont là des valeurs partagées par les Africains du Nord au Sud, de l'Est à l'Ouest, en passant par le Centre du Continent. Mais ce sont davantage des valeurs discriminées par la culture occidentale dominante. En effet, il est utile de rappeler que l'une des lacunes importantes de l'épistémè occidentale est cette réduction mathématique de la réalité, ci-dessus abondamment discutée. Le tour de force réussi par l'occident est d'avoir imposé les concepts et notions que son épistémè a produit comme des outils universels. C'est le cas du concept de développement qui semble avoir remplacé le colonialisme comme outil de mise en œuvre de la *« mission civilisatrice »* de l'occident[513]. Par ce concept, l'Occident étend son épistémè dans le monde en disséminant dans les imaginaires des peuples, ses propres mythes et téléologies sociales[514].

On le constate aujourd'hui, le développement s'est érigé en norme quasi indiscutable du progrès des sociétés humaines, en inscrivant leurs démarches et leurs marches, leurs trajectoires et leurs dynamiques, dans une perspective évolutionniste qui nie la singularité des approches et refuse la diversité des vues et des voix, trajectoires et des voies, des modèles d'organisation et des modalités de réponse aux défis qui se posent, de façon toute particulière, à chaque société[515]. Dans cet ordre d'idées, le développement se pose comme une tentative d'universaliser un modèle de pensée et une entreprise née en Occident et qui y a atteint son degré de réalisation le plus abouti[516]. Par conséquent, le développement est une tentative d'uniformisation du monde sur le mode de la pensée unique, dans la mesure où il pose le modèle d'organisation et d'évolution des sociétés occidentales comme des référents exclusifs, en même temps

---

513 SARR (Felwine), *Afrotopia*, op. cit., p. 21.
514 *Ibid., p.21.*
515 *Idem.*
516 *Idem.*

qu'il disqualifie, *de jure* et *de facto*, toutes les trajectoires autres, de même que les valeurs et formes d'organisation sociale différente. En d'autres termes, toute société différente des sociétés occidentales est sous-développée.

L'Afrique doit s'ériger contre cette vision totémique. Elle doit s'émanciper de ce modèle impérialiste en inventant son propre modèle de vie, de société et de progrès, dans une dialectique permanente « d'enracinement et d'ouverture »[517]. Pour y parvenir, les concepts inventés, ceux réappropriés, et les indicateurs inventés, doivent être intelligés par une pensée économique africaine, dessinant les contours d'un « vivre africain », et construisant la substance d'un projet africain de civilisation. La crise du modèle occidental du développement, crise de pensée, crise morale, crise politique et crise spirituelle par excellence, annonçant l'effondrement prochain de cette « civilisation matérielle et technicienne qui a perdu le sens des priorités »[518], constitue une occasion pour l'Afrique de vendre au monde sa propre conception de la vie, dont l'économie n'est qu'une articulation.

Cette crise du modèle occidental a des répercussions sur l'évolution du monde entier, et s'exprime dans son incapacité à apporter des solutions concrètes et durables aux crises multiformes que traversent les peuples du monde. Comme nous le rappelle à juste titre Iba Der THIAM, « face à ces défis, il faut toujours avoir présent à l'esprit que les problèmes du monde actuel comportent, tous, des significations d'ordre culturel, et que la culture d'un peuple

---

[517] DIAGNE (Souleymane Bachir), « L'avenir de la tradition », DIOP (Momar-Coumba) (éd.), *Sénégal. Trajectoires d'un État*, Dakar/Codesria, 1992, p. 279.

[518] SARR (Felwine), *Afrotopia*, op. cit., p. 26.

est à la fois une dimension et une finalité de tout projet sociétal »[519].

Cette invention d'un modèle africain du progrès est en soi une réinvention, car elle puise dans l'histoire et la mémoire africaines, une philosophie de vie, une conception du monde, une organisation sociale, un ordre de priorités et une architecture des valeurs civilisationnelles et civilisatrices. Et c'est dans les valeurs effectivement que tout s'appréhende, s'explique et se justifie. Les valeurs occidentales du rationalisme, du quantitativisme, du quantophrénisme, du matérialisme, du mécanicisme, du technicisme, qui consacrent le primat du quantitatif sur le qualitatif, du matériel sur l'immatériel, de l'avoir sur l'être, sont totalement opposées aux valeurs africaines dont les plus importantes sont le caractère sacré de la vie, la crainte et la foi en Dieu, la solidarité, la liberté, la justice, l'harmonie, l'équilibre. C'est sur ces valeurs retrouvées, et autour d'elles que l'économie africaine doit s'articuler et être structurée, afin que par les processus économiques, ces valeurs soient à la fois fécondées, véhiculées et amplifiées.

---

519 THIAM (Iba Der), « Démocratie, multipartisme (majorité/opposition) et paix politique », *Pouvoir et paix civile en Afrique*, Cahiers Présence Africaine, Présence Africaine Éditions, Paris-Dakar, 1996, p. 56.

## CHAPITRE II :

## METTRE L'ÉCONOMIE AU SERVICE D'UN PROJET DE CIVILISATION

> *« L'objectif n° 1 dans la lutte d'indépendance nationale que nous menons et que tout peuple opprimé doit mener jusqu'au succès ou jusqu'à sa disparition totale, est de provoquer la prise de conscience de tous les Africains de l'Afrique Noire »*[520], **Cheikh Anta DIOP.**

L'Afrique dans sa globalité se construit et se conduit aujourd'hui sans un projet de civilisation, et tout naturellement, sans des politiques de civilisation. Sans ces actifs fondamentaux et essentiels, le continent restera pour longtemps encore cloîtré et coincé dans la « grande nuit », sans repères historiques, sans trajectoires de vie, sans projets de réalisation et sans perspectives d'avenir. L'incohérence des ambitions, l'inconsistance des politiques, la médiocrité des résultats et l'errance des perspectives, au niveau des États-nations comme au niveau du continent, s'expliquent et se justifient par cette absence de projet de civilisation et de politiques de civilisation.

L'Afrique n'a aucun projet de civilisation, et ce qui lui sert de politiques de civilisation lui vient des autres, et ne peut que produire de l'errance et de l'égarement, dans la mesure où ces politiques et les projets qu'elles

---

[520] DIOP (Cheikh Anta), *Alerte sous les tropiques. Articles 1946-1960. Culture et Développement en Afrique noire*, op. cit., p. 45.

implémentent s'opposent radicalement à l'essence, à l'ontologie et à la vision africaine de l'être et du devenir, de la vie et du vivant. De manière concrète, *« qui dit développement dit modèles »*, qui dit progrès dit modélisation et démarche schématique de la voie à suivre pour y parvenir. Ce qui suggère inévitablement de l'originalité, de l'autonomie, ou du moins de la singularité, de la spécificité, sans préjudice donc des influences réciproques consécutives aux dialogues entre modèles. Or, tous les modèles imposés à l'Afrique aujourd'hui, et expérimentés par ses États, sont propres à d'autres sociétés, pensés dans des environnements différents, avec une vision et des finalités différentes. C'est le cas principalement du modèle individualiste occidental, totalement en déphasage avec la civilisation africaine, dont le modèle originellement, est communautariste. Ce modèle occidental dénoncé a secrété au plan institutionnel, un modèle d'État hybride (de type occidental à la sauce tropicale), fondé sur une souveraineté de type hégémonique, qui s'intègre mal à notre environnement et s'adapte mal à nos réalités ontologiques, historiques, sociales et culturelles, parce que contraire dans sa structure, sa substance, son organisation et son fonctionnement, à la naturelle tant plurale que plurielle de notre société.

Ce qu'il convient de souligner est que cette imposition de modèles étrangers n'est pas une entreprise innocente. Elle obéit à une vision esclavagiste de l'Occident, répond à un projet hégémonique de confinement du continent dans la périphérie du monde, le destinant, dans la division internationale du travail, au rôle peu enviable de consommateurs des biens et services produits en Occident, et le confinant au rôle de principale pourvoyeuse des matières premières nécessaires à l'alimentation de la structure et de la technostructure capitalistes. Ce qui peut expliquer les entraves catégoriques de l'Occident à l'industrialisation de l'Afrique. On se souvient des propos du Chancelier Allemand Helmut KOHL qui a dit en 1987 : « il ne saurait être question de laisser l'Afrique s'industrialiser, l'Occident ne se laissera plus surprendre une seconde fois ; l'Asie lui oppose une sérieuse concurrence aujourd'hui », parce qu'elle s'est laissé surprendre par son développement rapide. Cette position d'Helmut KOHL qui exprime une posture partagée par de nombreux dirigeants occidentaux, oriente depuis plus d'un siècle, et davantage aujourd'hui, les politiques, stratégies, projets et programmes de l'Occident vis-à-vis de l'Afrique.

Aucun effort ne doit dès lors être ménagé pour maintenir l'Afrique dans sa position de dépendance, confinée à la périphérie du monde, en sapant systématiquement tous ses efforts d'éveil et d'émergence, en viciant ses projets de développement, en limitant ses initiatives, et en travaillant au besoin à sa régression spirituelle, intellectuelle, culturelle, sociale, économique et politique. L'emprise du système des Nations Unies et la tutelle des institutions de Breton Wood sont une étreinte de la mort, en raison de leurs Plans d'Ajustement Structurel (PAS) inspirés du Consensus de Washington, leurs stratégies de lutte contre la pauvreté, leurs documents de stratégie de réduction de la pauvreté (DSRP), leurs documents de stratégie pour la croissance et d'emploi (DSCE), entre autres. Tous ces outils sont des instruments d'opérationnalisation de cette dépendance éternelle, et de cette recolonisation qui trouve malheureusement sur le continent, de puissant relais dans la classe dirigeante.

L'Afrique est projetée malgré elle au cœur d'une guerre de civilisation, entre d'un côté une civilisation hégémonique, et de l'autre des civilisations en résistance. Parmi ces civilisations résistantes, les unes sont en voie d'affirmation, les autres en quête de sens et de repères. Les civilisations en résistance qui sont en voie d'affirmation sont celles d'Asie (tirées principalement par des États comme l'Inde, la Chine, le Japon, la Corée du Sud, la Corée du Nord, Singapour, la Thaïlande, la Malaisie, etc.) et d'Amérique du Sud (portées par Cuba ou le Venezuela). *A contrario,* les civilisations en résistance, une résistance au demeurant tatillonne et molle, en quête de repères et de sens, sont celles d'Afrique, dans toute sa diversité et son unité.

Au vu de l'évolution du contexte mondial, cette lutte entre les civilisations sera de plus en plus féroce et violente, passant progressivement, mais irrémédiablement d'un conflit larvé à un conflit ouvert, et l'Afrique constituant le principal champ de cette guerre mondiale. Celle-ci est très imminente, au vu du positionnement stratégique des troupes des principaux belligérants sur le sol africain. Pour s'en convaincre, il suffit de constater que c'est la première fois de l'histoire humaine que toutes les « puissances mondiales » se retrouvent au même moment sur le continent, et se livrent une lutte féroce d'influence à la fois politique, économique, culturelle, stratégique et militaire, pour le contrôle des espaces et les immenses richesses du continent. Toutes les puissances mondiales, depuis plusieurs décennies maintenant, élaborent, modulent et opérationnalisent des politiques et stratégies de conquêtes et de contrôle de l'Afrique, dans un dessein évident de recolonisation du continent, qu'il s'agisse des « puissances incontestées » (États-Unis, Russie, Union Européenne, Chine) ou celles en voie d'affirmation (Inde, Japon, Brésil, Turquie, Pakistan, Corée du Sud, etc.).

Il s'agit pour le continent, dès ce moment, de trouver dans les traces et les marques de son histoire, les repères de sa trajectoire civilisationnelle, d'y trouver une cause et un sens, une force de propulsion, pour bâtir son projet de vie. C'est là le défi actuel qui se pose avec acuité à l'Afrique. C'est un défi intellectuel et politique. Intellectuel parce que c'est un défi de connaissance, de savoir et de science. La connaissance, le savoir et la science étant des enjeux de pouvoir, c'est-à-dire aussi des enjeux politiques. C'est un défi politique d'ordre stratégique, parce qu'il est un défi de vision (finalité, objectifs, buts, orientation, planification, programmation et actions), de révolution (contestation, rupture et changement radical) et de service (travailler pour l'Afrique, dans un esprit de sacrifice et d'exemplarité). En un mot, il s'agit d'un défi de leadership[521].

Ce leadership doit intégrer le fait que l'autonomie d'un modèle économique africain reposerait sur l'idée fondamentale de positionnement de l'économie au service d'un projet de civilisation. Dans cette perspective, si l'économie doit constituer un outil d'amplification identitaire **(I)**, elle appelle à une invention ou une réinvention de mythes fondateurs et l'élaboration de métaphores du futur **(II)**.

## I. L'IDÉE D'UN PROJET DE CIVILISATION

Discuter de l'idée d'un projet africain de civilisation revient à dire si celui-ci doit être élaboré ou simplement redécouvert (A) et, en termes de contenu, l'intelliger comme un outil d'amplification identitaire (B).

### A. L'élaboration ou la découverte d'un projet de civilisation

Si en termes de résultat, un projet de civilisation peut constituer le stade supérieur ou ultime d'un projet de société (2), deux (02) approches se proposent de présider à l'avènement dudit projet (1).

---

[521] Voir, MAKON (Richard), *Le leadership en Afrique. Essai de philosophie publique sur le développement*, op. cit., 182.

### 1. Les postulats de la découverte et de l'élaboration

La nécessité d'un projet de civilisation fait de plus en plus consensus aujourd'hui parmi les penseurs africains. Au vu de la situation du continent, lui seul semble à même de réconcilier l'Afrique avec elle-même et inscrire son projet de vie et sa trajectoire de réalisation dans une vision propre d'elle-même et des autres, une conception originale de sa place dans le monde, de son évolution en tant que nation, société et projet. Parmi ces penseurs, on retrouve des intellectuels de tout bord, des chercheurs, universitaires, académiciens, artistes, politiques de toutes les sensibilités, construisant par cette pluralité une sorte d'unanimité sur l'importance et l'urgence de ce projet de civilisation.

Mais au-delà de ce consensus apparent, une importante divergence existe sur l'approche ou le postulat de départ devant présider à l'avènement de celui-ci. En effet, si certains estiment que *ce projet de civilisation doit être élaboré*, c'est-à-dire qu'il doit être conçu, pensé et dessiné par les Africains, parce qu'il n'existe pas, d'autres *a contrario* estiment plutôt que *ce projet doit simplement être redécouvert*, parce qu'il existe là quelque part. Il doit être recherché à partir des lieux de notre mémoire, déterré des ruines de notre lointain passé, et des décombres de notre civilisation. En d'autres termes, pour ces derniers, ce projet de civilisation qui a favorisé plusieurs millénaires d'histoire et de domination de l'Afrique sur le monde, bien avant notre ère, et inspiré d'importantes découvertes, innovations et réalisations que le monde moderne peine encore à comprendre, est là quelque part en nous et autour de nous.

S'agissant du *« autour de nous »*, ce projet de civilisation doit être décrypté dans les hiéroglyphes de nos pyramides, dans notre système cosmique et solaire, dans notre art et notre architecture, dans notre culture et nos écrits, dans nos habitudes, nos traditions, nos us et coutumes. Quant au *« en nous »*, ce projet de civilisation doit être extirpé de nos imaginaires et utopies, de notre mémoire génétique, de la pensée de nos anciens transmises de génération en génération, de notre métaphysique, de notre mythologie, de notre cosmologie et de notre cosmogonie, de notre ontologie et de notre axiologie.

Quoi qu'il en soit, ces deux (02) approches et postulats de départ sont nécessairement complémentaires. Ce projet de civilisation aura forcément une dimension « donnée » (parce que révélant des aspects hérités de notre histoire, de notre passé, de nos devanciers) et une dimension « construite » (parce que fruit d'une construction intellectuelle de l'Afrique actuelle à partir de l'environnement et du contexte). Ce maillage est indispensable, car en favorisant une prise en compte des défis et enjeux actuels du continent, il garantit en même temps le respect, par les générations présentes et à venir, des balises qui aiguillonnent depuis la nuit des temps la marche de notre peuple, tout en permettant la fidélité aux valeurs africaines, sans lesquelles n'existerait notre peuple.

**2. Du projet de société au projet de civilisation**

Il est fréquent de confondre le projet de société au projet de civilisation, des expressions le plus souvent médiatisées en période de campagne électorale, principalement présidentielle. En effet, si le *programme électoral* est l'ensemble des actions politiques de caractère général qu'un candidat s'engage à réaliser s'il est élu, celui-ci se résume généralement en quelques points majeurs et se confond très souvent avec un *« projet de société »*. Ce dernier quant à lui constitue une vision cohérente d'ensemble, de l'organisation et du fonctionnement du type de société que le candidat se propose de bâtir une fois élu. *Dans sa conceptualisation*, il est soutenu par des valeurs (religieuses, morales ou éthiques), élabore des lois, formule des principes d'action et de vie, donne des orientations générales sous forme d'un *programme politique*. *Dans sa configuration*, il propose généralement un modèle alternatif à celui existant (du pouvoir contesté), généralement dominant (libéral, mondialisé, consumériste, individualiste) et, quelquefois, il incarne un projet de reconstruction d'un pays après un désastre, une catastrophe ou une guerre.

C'est la cohérence structurelle et l'efficacité fonctionnelle qu'on lui crédite qui permettent de relativiser son caractère idéal, voire utopique. Si le projet de société n'est partagé au départ que par ses partisans, tout candidat sait au demeurant que c'est la qualité de sa stratégie et sa force de persuasion qui peuvent fédérer une majorité autour de sa vision et de son projet. Seule cette adhésion massive peut lui assurer le passage à la phase de réalisation, où le projet de société se décline alors en *programme de gouvernement* et en *plan d'action*.

Le *« projet de civilisation »* quant à lui, tout en l'intégrant complètement la substance d'un projet de société, le dépasse très largement. Trois (03) principaux éléments au moins permettent de souligner la différence, non pas de degré, mais de nature, qui existe entre les deux (02). *D'abord* la démarche. Pendant que le projet de société est unilatéral (même si son élaboration, dans certains cas, est participative entre le candidat, ses partisans et des citoyens), le projet de civilisation est quant à lui un projet collaboratif collectif. Il est élaboré par toute une société (locale, nationale ou régionale) par la prise en compte de sa diversité. *Ensuite* la temporalité. Alors que le projet de société est limité dans le temps (le temps du mandat espéré par le candidat et généralement déterminé par la loi électorale), un projet de civilisation à vocation, ou du moins peut prétendre à l'éternité. *Enfin* l'envergure, la structuration et la consistance. Un projet de civilisation, précisément, est un projet de société d'envergure, qui a vocation à dépasser le niveau local, national et sous régional, pour atteindre le niveau régional, pour plus de cohérence, de pertinence et d'efficacité. Autrement dit, attestant de la pertinence de l'unité culturelle de l'Afrique, un projet de civilisation pertinent et cohérent est celui qui se pense et s'élabore dans une perspective régionale et « panafricaine ». Son envergure repose également sur l'importance de ses articulations ou éléments constitutifs : *la dimension spirituelle et métaphysique, la dimension historique et socio-anthropologique, la dimension politique et stratégique, la dimension économique, la dimension culturelle* et *la dimension sociale*. Le tout, intelligé comme un ensemble intégré, solidaire et cohérent, dans une perspective d'équilibre, de flexibilité et de complexité.

Ce projet qui repose sur un pacte de civilisation ne peut qu'être africain, imposant aux États-nations une convergence dans l'organisation politique, économique, sociale, culturelle, morale, intellectuelle et spirituelle.

### B. Le contenu d'un projet de civilisation

Le contenu de ce projet de civilisation peut aisément être décliné à travers, d'une part, ses buts et sa finalité **(1)**, d'autre part, ses valeurs et principes d'action **(2)**.

#### 1. Les buts et la finalité

Une civilisation peut s'entendre de l'ensemble des phénomènes sociaux à caractères religieux, moraux, esthétiques, scientifiques et techniques, économiques et politiques, entre autres, communs à une société, à un groupe ou à un groupe de sociétés[522]. Toute civilisation est marquée par une ou des cultures spécifiques, c'est-à-dire un ensemble d'usages, de coutumes, de manifestations

---

[522] *Dictionnaire alphabétique et analogique de la langue française LE ROBERT*, Société du Nouveau Littré, (S.N.L.), Paris, 1973, p. 735.

politiques, économiques, sociales, linguistiques, artistiques, religieuses et intellectuelles qui définissent et distinguent un groupe, une communauté ou une société[523]. C'est dans cette logique qu'il faut comprendre les évocations ou références faites à la « civilisation égyptienne » ou à la « civilisation gréco-romaine »[524].

Sur le fondement de ces aperceptions, on peut relever que la présence d'une civilisation implique au moins deux (02) importantes réalités : *premièrement*, l'existence de phénomènes collectifs et communs à un groupe ; *deuxièmement*, l'idée de l'acceptation, par les membres de ce groupe que ces phénomènes leur sont communs et les singularisent[525].

L'enjeu d'un projet de civilisation est donc de faire de ces phénomènes collectifs, identifiants qui singularisent un groupe, la source et la substance d'un projet destiné à produire une société nouvelle et durable. Dans le cas d'espèce, un projet de civilisation a pour finalité d'engager l'Afrique dans un plan global de réalisation de sa destinée, en la dotant d'une conception des origines et du passé, d'une vision de la vie et du futur, en traçant pour elle, sur le fondement de sa mémoire, de son histoire, de son anthropologie, de sa culture et de son ontologie, des perspectives d'un avenir dont les voies de concrétisation sont maitrisées autant du possible. Par ce projet de civilisation, l'Afrique assume son passé avec fierté et dignité, son présent avec mesure et responsabilité, et fixe le cap de son avenir avec espérance et confiance, en disant au monde sa conception de la vie, de l'être et de l'avoir sur le fondement de ses valeurs retrouvées : *le caractère sacré de*

---

523 MAKON (Richard), *Le Cameroun à la croisée des chemins vers le développement*, op. cit., pp. 30-32.
524 *Idem.*
525 *Idem.*

*la vie, la crainte et la foi en Dieu, la solidarité, la fraternité, la liberté, la justice, l'harmonie, l'équilibre.*

Ce projet de civilisation élabore des lois, formule des principes d'action et de vie, donne des orientations générales sous forme d'un programme politique « panafricain », et doit être porteur d'une éthique de la vie et une morale du progrès. Ce projet de civilisation, en proposant un modèle nouveau de vie pour les Africains et leur continent, en redéfinissant leurs rapports au monde et aux autres, doit en réalité inventer une nouvelle réalité, bâtir un monde nouveau.

### 2. Les valeurs et principes d'action

Les valeurs ''africaines'' retrouvées (la crainte et la foi en Dieu, le caractère sacré de la vie, la solidarité, la fraternité, la liberté, la justice, l'harmonie, l'équilibre) doivent constituer la source d'inspiration de ce projet de civilisation dont la logique d'orientation devra être fondée autour des principes d'équilibre, de flexibilité et de complexité.

*La complexité*[526] permet la prise en compte de toutes les dimensions et articulations du projet (perspective à visée totalisante malgré l'impossible complétude)[527], dans le respect de l'unité et de la diversité de leurs identités,

---

[526] Dans le sens courant, la complexité est le caractère de ce qui est complexe, de ce qui est compliqué, de ce qui comporte des éléments divers qu'il est difficile de démêler. En philosophie des sciences, en empruntant à Edgar MORIN, la complexité est, *« au premier abord, un tissu (complexus : ce qui est tissé ensemble) de constituants hétérogènes inséparablement associés : elle pose le paradoxe de l'un et du multiple. Au second abord, la complexité est effectivement le tissu d'évènements, actions, interactions, rétroactions, déterminations, aléas, qui constituent notre monde phénoménal », in* MORIN (Edgar), *Introduction à la pensée complexe*, Points, Collection Points Essais, Éditions du Seuil, avril 2005, p. 21.

[527] *Ibid.*, p. 11.

manifestations et influences. Convoquant l'analogie avec de la pensée complexe, Edgar MORIN souligne que « la pensée complexe est animée par une tension permanente entre l'aspiration à un savoir non parcellaire, non cloisonné, non réducteur, et la connaissance de l'inachèvement et de l'incomplétude de toute connaissance »[528].

*La flexibilité*[529] permet quant à elle de penser la nécessaire adaptabilité du projet, dans le temps et l'espace. Ici, seuls les éléments du passé jugés pertinents dans le contexte actuel, parce qu'encore et toujours nécessaires, importants et pouvant être opérationnalisés avec succès, seront pris en compte dans l'élaboration de notre projet de civilisation. Dans la même trajectoire, tenant compte des influences bénéfiques réciproques inter-civilisations, le même tri s'imposera sur tout ce qui nous vient de l'extérieur, pour ne retenir que ce qui ne heurte pas notre identité, et qui peut de ce fait nous être bénéfique.

Ce projet de civilisation doit reposer sur un pacte de civilisation, librement conclu par les différentes composantes de la société africaine.

## II. L'ÉCONOMIE COMME OUTIL D'AMPLIFICATION IDENTITAIRE

Pour mettre l'économie au service d'un projet de civilisation, elle doit être pensée comme un outil

---

[528] *Ibid*, pp. 11-12.

[529] La flexibilité est la qualité de ce qui est flexible, de ce qui est souple. C'est aussi la qualité de quelque chose qui peut s'adapter aux circonstances particulières. Du point de vue humain, la flexibilité renvoie à la caractéristique d'un individu (ou d'une organisation humaine) se traduisant par la facilité à appréhender des données sous des angles différents, à imaginer des solutions diverses à un problème ou des usages variés et nouveaux à un objet, une méthode ou un dispositif.

d'amplification identitaire. Une telle entreprise exige de changer au préalable le regard sur Soi **(A)**, en inventant ses propres mythes et métaphores du futur **(B)**.

### A. Changer au préalable le regard sur Soi

L'Afrique doit changer au préalable le regard qu'elle porte sur elle-même. À cette fin, elle doit utiliser l'économie pour se penser, se représenter et se projeter **(1)**. Cette attitude lui exige de s'accepter, de se faire confiance, si elle espère un jour pouvoir s'affirmer **(2)**.

#### 1. Se penser, se représenter et se projeter à travers l'économie

L'invention d'un modèle économique est du ressort de la pensée, lieu qu'investit l'imaginaire. C'est cet imaginaire, espace fécond, lieu de foisonnement qui décrit le réel, appréhende l'irréel, dessine les territoires et les formes de vie, écrit les lois collectives et les règles de vie, raconte le quotidien dont il récite les projets. Mais cet imaginaire projette aussi des destinations à l'homme et à la société dans son ensemble, tous étant vie et forme de vie, dans un environnement d'une dynamique complexité.

Cette pensée doit évidemment être critique pour permettre d'échapper aux carcans actuels qui s'expriment toujours dans la double dialectique de l'enchantement et du désenchantement, de l'espoir et du désespoir, de l'ouverture et de la fermeture, du dedans et du dehors. Une critique sans complaisance, d'une part de soi, de sa quotidienneté, de ses conditions de vie, de son organisation, de ses institutions, de ses projections et de ses ambitions, d'autre part, de l'autre, des autres, de l'environnement-monde, de sa place dans ce monde hier, aujourd'hui et demain. Il s'agit donc de se penser, de se représenter et de se projeter[530].

---

[530] SARR (Felwine), *Afrotopia*, op. cit., p. 12.

## 2. L'acceptation de soi, la confiance en soi et l'affirmation de soi

Ce triptyque (se penser, se représenter et se projeter) est cependant conditionné par un autre sans lequel il ne saurait se réaliser : l'acceptation de soi, la confiance en soi et l'affirmation de soi. *L'acceptation de soi* exige de l'Afrique une acceptation de sa condition actuelle, une reconnaissance de ses échecs passés, de ses réussites et de ses acquis, de ses potentialités, de ses atouts, de ses handicaps et de ses limites. *La confiance en soi* l'oblige à considérer qu'aucune position, fût-elle heureuse, ne saurait être statique ou définitive. Toute limite peut être franchie, tout handicap peut être vaincu, toute difficulté peut être surmontée. De même, aucune victoire n'est totale, aucune réussite n'est finale, aucun succès n'est définitif. La confiance en soi est le socle sur lequel s'érige tout projet, c'est une attitude revendicatrice de fierté, de foi, d'espérance, mais aussi de conviction, de courage et de détermination. *L'affirmation de soi* dépend d'un leadership engagé et assumé, d'une vision élaborée et partagée d'un projet de civilisation pertinent et engageant, reflétant la cosmogonie et la téléologie sociale, la culture et l'identité.

Ce triptyque pose comme exigence un regard lucide et responsable sur le passé, le présent et le futur du continent. L'Afrique peut être fière de son passé, qui révèle à la conscience collective universelle la longue domination de l'Afrique, et de l'Égypte singulièrement, sur le monde de manière générale, et sur l'Occident en particulier. Victor BERARD le souligne dans une œuvre devenue célèbre, cette influence décisive de l'Égypte sur le devenir actuel de l'Occident[531]. Il s'agit précisément de l'influence de

[531] BERARD (Victor), *La Résurrection d'Homère. Au temps des héros*, édition Bernard Grasset, 1930, pp. 34 et 109. L'auteur est d'ailleurs

l'Égypte sur la Grèce, berceau de la civilisation occidentale. L'auteur, en rappelant l'antériorité de la civilisation égyptienne, précise que « l'histoire des pays grecs commence en ces XVIe – XVe siècles avant notre ère : les monuments égéens et mycéniens peuvent dès lors s'encadrer dans la chronologie que nous rapportent les documents de l'Égypte et la Grèce elle-même »[532]. Se fondant sur des recherches fécondes, il démontre l'importation en Grèce « des lois écrites de l'alphabet, du cheval, du char de guerre et du vaisseau à cinquante rameurs »[533], tous hérités de l'Égypte. En plus d'être pendant des siècles la civilisation la plus riche du monde, attirant par là même les convoitises de toutes les autres civilisations, l'art, la poésie, l'architecture, la médecine, la pensée, les jeux et loisirs, les religions font de l'Égypte et de Thèbes en particulier, la « capitale de la civilisation ! »[534].

S'agissant tout singulièrement de la pensée, de la science et de la recherche scientifique et technique, les plus grandes découvertes dites ''grecques'' sont en réalité égyptiennes. THALÈS de MILET, PYTHAGORE de SAMOS, ARCHIMÈDE de SICILE, PLATON, SOLON et bien d'autres ont étudié en Égypte durant de nombreuses années, sous l'autorité « des prêtres égyptiens qui à cette époque même d'après Platon, considéraient les Grecs comme des esprits relativement enfantins »[535]. D'ailleurs, d'éminents savants grecs l'attestent clairement. Pour PLUTARQUE, PYTHAGORE, le fondateur de l'École mathématique

---

suffisamment cité par DIOP (Cheikh Anta), *L'unité culturelle de l'Afrique Noire*, op. cit., p. 191.

[532] *Idem.*

[533] *Ibid.*, pp. 36-37.

[534] *Ibid.*, p. 44.

[535] DIOP (Cheikh Anta), *L'unité culturelle de l'Afrique Noire*, op. cit., p. 198.

grecque, doit toute « sa science du nombre » à l'Égypte[536]. HÉRODOTE lui va jusqu'à taxer PYTHAGORE de plagiaire[537]. Pour DIODORE de SICILE, les inventions mécaniques attribuées à ARCHIMÈDE existaient en Égypte des millénaires avant même sa naissance, en l'occurrence « le principe de levier », et surtout « la vis sans fin » qu'il n'a pu expérimenter qu'après son voyage en Égypte, où la vis hydraulique était déjà en usage et servait à pomper l'eau[538].Il est donc sans contexte que « les Egypto – Phéniciens ont joué vis-à-vis de la Grèce et des Hébreux le même rôle civilisateur, sinon davantage que celui de l'Antiquité gréco-latine vis-à-vis de l'Occident moderne »[539].

Si le présent, en ce qui le concerne, parait contrasté, le futur du continent africain par contre dépend lui des choix que ses peuples feront aujourd'hui et demain. Dans cette dynamique de recherche de soi, de pacification avec soi et de réinvention de soi, il n'y a ni mesure universelle ni standard mondial. Il n'y a pas de cadre préétabli, de baromètre préfixé. Il n'y a pas de temps déterminé, d'échéances établies, ni de rythme imposé. Autrement dit, la prise de conscience de notre état actuel d'errance et de dominé constitue la seule exigence, puisqu'il n'y a personne à rattraper ni à dépasser[540]. La vocation des sociétés, projets éternellement inachevés, est de s'accomplir, leur but ultime est de se réaliser. Tout en considérant les autres et en tenant compte de sa place parmi

---

[536] *Idem.*

[537] HÉRODOTE, *Histoires*, Livre II, traduction Ph. E. LEGRAND, édition Les Belles Lettres, Paris, 1945, cité par DIOP (Cheikh Anta), *L'unité culturelle de l'Afrique Noire*, ibid.

[538] DIOP (Cheikh Anta), *L'unité culturelle de l'Afrique Noire*, ibid., p. 198.

[539] *Ibid.*, p. 197.

[540] SAAR (Felwine), *op. cit., p.12.*

les autres, l'accomplissement ou la réalisation reste cependant une démarche individuelle et singulière.

### B. Inventer des mythes et élaborer des métaphores du futur

Comme toutes les autres civilisations, l'Afrique doit inventer ses propres mythes pour inspirer son quotidien et son avenir, et élaborer ses propres métaphores du futur. Il est important à cet effet de préciser les fonctions de ces mythes et métaphores du futur **(1)**, en rappelant qu'en termes de démarche, autant il est important de se réapproprier des mythes africains anciens, de même il est utile d'en inventer de nouveaux, en lien avec le contexte actuel et nos ambitions nouvelles **(2)**.

#### 1. Les fonctions des mythes et des métaphores du futur

Une civilisation, au travers des phénomènes sociaux qui la caractérisent, constitue pour une société, l'expression et la matérialisation de « sa volonté de vivre en commun l'histoire, les traditions et les us que la tradition a conservés et inculqués dans l'esprit du citoyen »[541]. Aussi, tout groupe, toute société ou toute communauté a sa culture et une civilisation qui lui sont propres. Cette civilisation, au-delà de ces éléments matériels, a besoin, du point de vue idéel, d'être portée par des formes de représentations de la vie, de la société et du monde, des récits de l'imagination, de téléologies sociales et des mythes. Ces derniers jouent ici un rôle déterminant, dans la mesure où « toutes les

[541] JORGE (Manuel), « Angola : crise politique et crise sociale (À la recherche de la paix nécessaire) », *Pouvoir et paix civile en Afrique*, Cahiers Présence Africaine, Présence Africaine Éditions, Paris-Dakar, 1996, p. 48.

sociétés ont besoin de mythes pour justifier leur évolution et leur appropriation du futur »[542].

D'emblée, il convient de préciser que le mythe, dans la présente réflexion, ne renvoie pas à ce qui est imaginaire, dénué de valeur ou de réalité[543]. Nous l'intelligeons ici à la fois comme une allégorie philosophique[544] et un récit mettant en scène un imaginaire collectif, inspiré par les croyances et les valeurs d'un peuple, ses représentations idéalisées de la vie, du passé, du présent et du futur, et qui fondent sa force et sa foi en l'avenir. S'il existe évidemment plusieurs catégories de mythes (fondateurs, légendaires, initiatiques, pédagogiques et didactiques, stratégiques, etc.), il convient de relever que ceux-ci ont toujours précédé la science, l'ont souvent inspiré et quelques fois orienté.

Chaque société repose en effet sur « un récit fondateur, un mythe, qui façonne une certaine conception du monde et de son organisation, met en place une hiérarchie de valeurs particulières »[545]. Ce récit mythique se veut être une anticipation de l'avenir, une projection ininterrompue dans l'imaginaire collectif d'une conception de la vie. Celle-ci doit, en tout temps, refléter ses cosmogonies, ses croyances, ses espérances et ses aspirations. À l'image du mythe occidental de la *« mission civilisatrice »* ou du *« progrès sans fin »*, l'Afrique doit, sinon retrouver ses mythes originels, à tout le moins inventer une mythologie sociale nouvelle, qui transpire sa vision du monde, ses valeurs de vie, ses aspirations légitimes, sa compréhension des défis de l'univers et de ses défis propres, ses projets de vie, l'ingénierie et l'originalité de ses solutions. Ces mythes qui

---

542 SARR (Felwine), *Afrotopia*, op. cit., p. 21.

543 On parle souvent du mythe de la justice, du mythe de la liberté ou du mythe de l'égalité.

544 Comme le mythe de la caverne.

545 SARR (Felwine), *op. cit.*, p. 24.

innervent tous les aspects de sa vie collective (politique, économie, social, culture) conditionnent tant sa vision du futur que sa lecture du présent, et influence son rapport au monde et aux autres.

Il y a donc dans les mythes une pluralité de fonctions : onirique, stratégique, programmatique, opératoire, thérapeutique, fondatrice, initiatique et pédagogique, cette dernière qui permet la transmission mémorielle intergénérationnelle, l'héritage et le legs à la postérité.

### 2. Se réapproprier les mythes anciens et inventer des mythes nouveaux

L'Afrique, d'un point de vue géopolitique et géostratégique, est au cœur des convoitises de toutes les grandes puissances du monde. Outre son positionnement géographique et géostratégique, l'importance sans précédent de ses gisements de matières premières, l'impact du continent est durable en ce moment sur les plus grandes questions politiques, économiques, sociales et culturelles du monde contemporain : le commerce maritime interrégional et mondial dont il contrôle d'importantes voies navigables, le climat mondial dont il est l'un des principaux poumons stabilisateurs, l'immigration irrégulière dont il constitue l'une des principales plaques tournantes en même temps que rive de départ d'immigrés, le terrorisme qu'il subit et qu'il alimente en termes de réseaux de recrutement, des lieux d'ancrage des bastions de groupes djihadistes et de formation de combattants ; le commerce illégal des espèces protégées qui s'organise en son sein, de même que la contrebande des produits de contrefaçon de toutes sortes, la criminalité transfrontalière, la piraterie maritime, entre autres. Toutes ces questions amplifient au fil du temps la dimension stratégique de l'Afrique pour les puissances étrangères, du fait de son fort potentiel tant structurant et stabilisateur que déstructurant et déstabilisateur, à la fois pour la région et pour le monde.

L'avenir du monde se joue de toute évidence en Afrique, dont le contrôle est un enjeu de pouvoir et de puissance pour les Etats du monde. Dans cet ordre d'idées, *« celui qui contrôlera l'Afrique dominera le monde »*. Il dominera le monde parce qu'il sera maître des matières premières essentielles du monde. Il disposera également de la meilleure position de projection spatiale et de négociation sur toutes les questions fondamentales du monde (environnement, santé, terrorisme, piraterie, contrebande, contrefaçon, commerce, etc.). Et au-delà du contrôle de ces aspects matériels qui participent de la puissance, il faut ajouter la dimension morale, psychologique, spirituelle et intellectuelle, qui se rapporte à l'influence sur la conscience des peuples, à l'impact sur la construction des imaginaires collectifs de communautés entières. Avec une population jeune la plus importante du monde, l'Afrique constitue du coup le marché le plus important du globe pour toutes sortes d'expérimentations de structuration mentale, de fabrication des façons de voir, de penser et de vivre, de construction des imaginaires qui favorisent l'expansion des épistémès, des cultures et des mythes étrangers.

L'Afrique est le continent de l'avenir. D'ailleurs, de nombreuses analyses prospectives l'annoncent comme le continent clé de toutes les mutations capitales du monde de demain. Avec une population estimée à 1,5 milliard d'habitants en 2025[546], 02 milliards d'habitants en 2050 (dont la moitié aura moins de 20 ans)[547], et 4,5 milliards d'habitants en 2100, l'Afrique représentera alors près de

546 TABI MANGA (Jean), *op. cit.*, p. 32.

547 MWANA MALUKU, « Le monde vu de Poto-Poto », *Géopolitique Africaine*, Revue trimestrielle, N° 48, troisième trimestre 2013, *Le nouvel environnement économique africain*, Paris, septembre 2013, p. 07.

40 % de l'humanité, contre 17 % de la population mondiale (1,3 milliard) aujourd'hui[548]. Ce poids démographique aura une incidence directe sur l'économie, la politique, l'environnement et la sécurité du monde. Si les autres continents, et davantage les grandes puissances se préparent déjà aux importants bouleversements que cette explosion démographique occasionnera, l'Afrique, à l'heure actuelle, ne semble pas suffisamment s'intéresser à sa place et à son rôle dans le monde qui s'en vient.

L'Afrique doit travailler à dépasser la dimension dramatique de son histoire, faite de traite négrière, d'esclavage, de colonisation et d'impérialismes de toutes sortes, si elle veut éviter le projet de recolonisation qui se prépare actuellement contre elle. Elle doit se sublimer en transformant sa douleur et sa nostalgie, premièrement en une énergie positive de surgissement, de projection et de reconquête de sa destinée, et deuxièmement en une puissance créatrice de vie. C'est en fidélité à cette posture de responsabilité et de réalisme que Jean-Paul SARTRE

---

[548] Voir *Rapport 2017 du Département des affaires économiques et sociales (DESA)* de l'ONU (« The World Population Prospects: The 2017 Revision ») qui souligne que le continent africain à un taux de croissance démographique très élevé. Entre 2017 et 2050, 26 pays africains (dont le Nigeria, l'Éthiopie, la République démocratique du Congo, la Tanzanie, et l'Ouganda) devraient, au minimum, voir leur population doubler. Ce rapport note que même si le taux de fécondité a diminué en Afrique, celui-ci reste tout de même l'un des plus élevés au monde. Le nombre de femmes en âge de procréer a quant à lui augmenté et devrait doubler au cours des 35 prochaines années. 1,8 milliard de naissances auront lieu en Afrique au cours des 35 prochaines années, et d'ici 2050 l'Afrique comptera près d'un (01) milliard de jeunes de moins de 18 ans. Ils représenteront 40 % des enfants de l'humanité. Par ailleurs, le continent aura presque atteint les chiffres de l'Asie, dont la part de la population mondiale diminuera de 60 % à 43 % (4,8 milliards d'habitants contre 4,5 milliards actuellement). Voir aussi TABUTIN (Dominique), « La croissance démographique de l'Afrique. Bilan et perspectives », *Revue Tiers Monde*, Année 1991/125/pp. 159-173.

affirme, à l'intention des Africains, que *« nous ne devenons ce que nous sommes que par la négation intime et radicale de ce qu'on a fait de nous »*[549].

Il est impérieux pour le continent de se doter de sa propre vision de l'avenir, porter sa propre ambition du progrès, incarnées par un projet de civilisation. Pour trouver sa voie, l'Afrique doit puiser dans sa civilisation millénaire pour inventer une nouvelle moralité de la vie, de l'être et de l'avoir, une nouvelle moralité de l'altérité, une nouvelle modernité de l'altérité fondée sur la solidarité comme solution au chaos qui envahit le monde[550]. C'est ici que les traditions et les mythes jouent un rôle capital. L'Afrique a le devoir de se réapproprier ses mythes anciens et d'inventer des traditions nouvelles[551], des mythes nouveaux, des mythes de renaissance, de modernité, d'émergence[552], d'accomplissement, en conformité avec une politique des usages qui lui soit propre[553]. Une politique qui analyse les usages mouvants des constructions symboliques, aux significations renouvelées selon le temps, les territoires et les ambitions des communautés[554].

S'agissant des mythes anciens, l'histoire de l'Égypte pharaonique ou des grands empires de l'Est et de l'Ouest africain en regorge suffisamment. Quant aux mythes nouveaux, les prospectives de l'Afrique comme continent

---

[549] Préface à l'édition de 1961 de l'essai de Frantz FANON, *Les damnés de la terre*, reprise dans *Situations V,* p. 178.

[550] TABI MANGA (Jean), *Des voix... à la voie du temps. Variations sur la Renaissance, l'Emergence et la Modernité africaines*, Editions SOPECAM, Yaoundé, 2014.

[551] DIAGNE (Souleymane Bachir) & ELARA BERTHO, « Un universel comme horizon. Entretien. Esquisses | Les Afriques dans le monde », *op. cit.*, p. 04.

[552] TABI MANGA (Jean), *op. cit., p.32.*

[553] DIAGNE (Souleymane Bachir) & ELARA BERTHO, *op. cit., p.04.*

[554] *Idem.*

de l'avenir doivent aboutir aux projections stylisées du futur. Celles-ci rendues concrètes par l'entremise de la culture (par exemple le livre, le théâtre et le cinéma) et de l'éducation dans ses différents niveaux stratégiques, dogmatique[555], didactique[556], paradigmatique[557] et initiatique[558]. C'est ici le lieu de souligner l'impact positif, sur l'imaginaire des nouvelles générations d'Africains et d'afro descendants, du film « Black Panther » des Studios Marvel, qui raconte l'histoire de la puissante et impériale civilisation Noire du « WAKANDA », une nation africaine technologiquement très avancée qui nous rappelle, à s'y tromper, le mythe de l'Atlantide Noire. La puissance d'un mythe est infinie !

---

[555] Enseignement de base, apprentissage liminaire.

[556] Adaptation de l'enseignement au contexte de vie, début d'ouverture.

[557] Enseignement du niveau d'approfondissement et de recherche.

[558] Niveau de la pratique, de l'opérationnalisation des savoirs, de leur construction/déconstruction.

# ÉPILOGUE :

# LE NOUVEAU MODÈLE ÉCONOMIQUE AFRICAIN : AXES STRUCTURANTS ET PRINCIPES FONDATEURS

**Comment décoloniser la pensée africaine de l'économie ?** C'est le questionnement qui a structuré l'ensemble de ce propos. Tout au long de ses lignes, il s'est évertué à souligner l'importance du retour des intellectuels africains à la pensée critique refondatrice, c'est-à-dire cette pensée-là qui intellige la dimension économique de notre projet de civilisation et légitime tant notre conception de la vie, notre organisation sociale et nos modes de production, de distribution, de commercialisation, de partage et de consommation. Comme nous l'avons démontré, à suffisance, décoloniser la pensée africaine passe avant tout autre chose par une réappropriation par l'Afrique de son droit de penser, de se penser et de penser l'autre ; de s'inventer, de se projeter et de s'affirmer. Cette décolonisation, dans le champ de la pensée économique, impose une reconsidération de la question économique et celle du progrès qui lui est attachée, et son articulation à l'idée de projet de civilisation africain. Cette nouvelle pensée économique, réfutant et fustigeant l'économisme et sa camisole néolibérale, en tant qu'elle sécrète une économie mécaniciste totalement étrangère à toute considération relative aux conditions fondamentales et essentielles d'une vie sociale plus humaine, plus vivante, plus vertueuse, plus harmonieuse, plus pacifique, privilégiant le bien de l'homme et sacralisant le vivant.

Le constat fait de l'absence d'un enracinement jusqu'à lors, de la pensée africaine de l'économie, dans les fondements anthropologiques des sociétés africaines qu'elle ambitionne d'intelliger[559] a été depuis longtemps dressé. L'affranchissement de l'Afrique ne peut être envisagé sans une puissante fondation identitaire, exprimant ses fondements anthropologiques, sociologiques, culturels, historiques, philosophiques, économiques et politiques, entre autres. L'une des causes de la déconnexion entre l'économie et le devenir du continent est justement le fait que l'économisme est devenu « "la science" par excellence du futur des sociétés africaines qui n'ont pas fini de tirer les leçons des crises politiques et sociales qui les ont déchirées durant les deux dernières décennies »[560]. D'où l'invite pressante et salutaire à la dissidence d'avec le modèle économique occidental dominant, et l'invention par voie de conséquence d'un modèle économique africain spécifique.

Ce modèle économique africain, dont le contenu substantiel et élaboré constituera l'essentiel de la suite de ce propos, peut être dessiné autour d'un certain nombre de principes fondateurs **(I)** et d'axes structurants **(II)** qui constituent autant de pistes de réflexion.

## I. LES PRINCIPES FONDATEURS DU MODÈLE ÉCONOMIQUE AFRICAIN

L'économie est entendue d'une part comme la manière dont les individus, les groupes, les sociétés utilisent des ressources rares en vue de satisfaire au mieux leurs besoins,

[559] KAVWAHIREHI (Kasereka), *op. cit.*, p. 12.
[560] *Idem.*

d'autre part, comme une science sociale ayant pour objet l'étude de la production, de la répartition et de la consommation des biens et services rares. Dans cette perspective combinant décolonisation épistémique et invention d'un modèle économique nouveau, ce dernier s'articulera autour de divers principes fondateurs.

### A. Les principes de conception

Les principes à la base de la conception et de l'orientation de ce modèle économique africain sont au nombre de deux (02) au minimum.

#### 1. La centralité de l'homme, la sacralité du vivant

Le premier principe est celui de la centralité de l'homme et la sacralité du vivant, à la fois comme finalité et finitude. L'Afrique ne peut véritablement penser l'économie en dehors des lois de son univers, de son cosmos. En d'autres termes, les lois de l'univers et du cosmos inspirent les lois économiques. Cela exige de considérer au moins trois (03) principes de vie : le principe de causalité, le principe de raison suffisante et le déterminisme général des êtres macroscopiques.

Ce principe est d'abord celui du **lien entre l'économie et la nature**. Dans cette perspective, on n'exploite pas, mais on entretient, on ne consomme pas, mais on préserve, on protège.

Ce principe, ensuite, est celui de **la Communauté**. L'économie est la relation à l'autre, la mise en relation avec l'autre, l'individualisme dompté par la solidarité, mieux le solidarisme.

Ce principe est enfin celui qui fonde **la loi de la compensation et les principes de complémentarité et de subsidiarité** qui font la force des communautés humaines. Les idées se complètent, les forces s'additionnent, s'alternent et se suppléent, les énergies se fécondent dans l'intérêt de tout le corps social, puisque la richesse est collective. Seule une telle optique pourrait hâter la construction d'une économie efficace et durable, solidaire, symbiotique.

### 2. Une économie par des valeurs

Le deuxième principe est celui de la structuration et de l'articulation de ce modèle économique par et autour des valeurs qui fondent et fécondent la vision africaine du monde (le caractère sacré de la vie, la crainte et la foi en Dieu, la solidarité, la fraternité, la liberté, la justice, l'harmonie, l'équilibre). C'est la condition de l'avènement d'une économie solidaire, coopérative et durable.

## B. Les principes d'orientation

Les principes d'orientation de ce modèle économique sont à la fois structurels, systémiques et fonctionnels **(2)**, mais nécessitent de véritables changements paradigmatiques **(1)**.

### 1. Un nouveau schéma mental

Le troisième principe est celui de l'impérative transformation de la carte mentale et du schéma mental de l'Africain.

Dans sa conception du bien, des ressources, de la richesse, de la nature : le « bien » utilisé et « la ressource » gérée, envisagés dans la définition primaire de l'économie, constituent une partie intégrante de l'univers, et c'est l'univers qui constitue en réalité le bien économique et la ressource économique par excellence.

Dans sa conception et sa compréhension de la science économique : dans sa dimension de science, l'économie africaine doit être totale et totalisante. Elle doit impérativement dépasser en l'intégrant, *« la vie domestique privée »* en se situant au niveau de la *« polis »* et de la *« cité »*. Les dimensions du dedans et du dehors, du public et du privé sont complémentaires et indissociables. Cette économie est la science de la préservation et de la production, dans la mesure où on préserve ce que l'on a, et on produit ce que l'on n'a pas.

#### 2. Des changements paradigmatiques

*Du point de vue structurel* l'économie est une maison commune, un monde en commun, un univers en partage. *Du point de vue systémique*, l'économie doit être constituée de parties complémentaires faisant un tout intégré, cohérent et homogène. Par ailleurs, un changement paradigmatique de système, quittant du système pyramidal d'organisation sociale et institutionnelle pour le système de réseau est impérieux. *Du point de vue fonctionnel,* le nouveau modèle économique doit apporter des réponses aux questions suivantes : pour qui gère-t-on le bien ou la ressource ? Pour qui et à quelle fin administre-t-on la maison ? La réponse est évidente : c'est pour l'homme que l'on gère et/ou administre, c'est-à-dire pour la vie, valeur suprême, finalité et raison de toute chose.

## II. LES AXES STRUCTURANTS DU MODÈLE ÉCONOMIQUE AFRICAIN

Deux (02) principaux axes structurants du modèle économique africain peuvent d'ores et déjà être envisagés ici : l'axe technico-scientifique **(A)** et l'axe politique **(B)**.

### A. L'axe technico-scientifique

Le présent axe adresse des questions relatives au contenu de ce nouveau modèle économique du point de vue technique et scientifique.

### 1. Des indicateurs économiques nouveaux

La construction d'indicateurs économiques nouveaux, des indicateurs vivants, parce que construits autour des finalités réelles de l'économie et des activités économiques, et véritables dimensions de la vie humaine et sociale qui doivent être évaluées et valorisées : *la satisfaction, le plaisir, la joie, le bonheur, l'amour, la paix, la liberté, la sécurité, la paix, l'espoir, l'épanouissement, la plénitude, l'accomplissement, la réalisation, la vie,* entre autres.

### 2. La mise à profit des institutions, systèmes et pratiques authentiques : le troc, la tontine, etc.

Mieux intelliger les institutions, les systèmes et les pratiques économiques authentiquement africains et leur contribution à l'économie contemporaine serait d'un grand apport à construction de ce modèle économique. C'est le cas de la pratique du « troc » qui reste d'une utilité évidente dans nos communautés, ou de l'institution dénommée la « tontine » au Cameroun, dont les vertus ne sont pas suffisamment exploitées.

## B. L'axe politique

L'axe politique est tout aussi déterminant, dans la mesure où il focalise le curseur sur la volonté de l'Afrique et des Africains d'aujourd'hui et de demain, et davantage les dirigeants politiques.

### 1. Une vocation régionale

Le modèle économique qui libèrera et développera l'Afrique sera inévitablement régional. Cette construction régionale partira de l'édification de sous-régions fortes, efficaces et performantes, bien qu'interdépendantes, comme socle sur lequel s'élèvera l'édifice communautaire.

### 2. Une perspective panafricaniste

L'ancrage dans le « panafricanisme », entendu à la fois comme mouvement politique qui promeut l'indépendance du continent africain et encourage la pratique d'une solidarité inter et trans-générationnelle entre Africains et afro descendants.

### 3. Le principe d'ouverture

Pour se bâtir par elle-même, pour elle-même et pour le monde, l'Afrique doit s'inspirer des expériences positives étrangères qui confortent sa vision et ses options, telles que celles d'Asie, en l'occurrence du Japon, de la Chine, de la Corée du Sud, de la Malaisie ou de Singapour. Ce maillage d'expérience peut être décisif dans la réussite de la diminution progressive de la part du primaire au profit du secondaire et du tertiaire, cheminement clé pour l'industrialisation.

### 4. La clé, le monde paysan

Ce nouveau modèle économique doit se centraliser sur le monde paysan dont l'essor conditionne en réalité celui des pays africains et de l'Afrique globalement. Il faut le marteler, il n'y aura pas d'industrialisation possible sans une prospérité des campagnes, adossée sur un accroissement de la productivité agricole et une politique de réinvestissement dans les campagnes d'une partie considérable des richesses par elles produites.

# CONCLUSION

*« Dans le monde actuel, le Ciel ne garantit pas à l'Afrique que ses entreprises seront couronnées de succès. Il n'y a pas non plus de forces surnaturelles qui nous condamnent à l'échec. Ce qui adviendra au cours des vingt et quelques prochaines années dépendra de ce que nous, Africains, feront »*[561], **Thabo MBEKI**.

Le monde semble aujourd'hui embastillé dans la logique de la contrainte, de la domination et de la guerre. Dans ce « nouveau *nomos* de la Terre », cette époque de la violence systémique et systématique qui entraine une « combustion du monde »[562], « l'état d'exception étant devenu la norme et l'état d'urgence permanent, il s'agit d'utiliser à fond le droit dans le but de multiplier les états de non-droit et de démanteler toute forme de résistance »[563] au chaos ambiant. Prisonniers de cette parenthèse d'autodestruction, les peuples d'Afrique, dans leur globalité, voient se matérialiser aujourd'hui, sous des formes les plus insidieuses, un projet machiavélique de ‘‘recolonisation’’ de leur continent. En effet, « l'Occident, voyant que la colonisation, sous sa forme traditionnelle, est périmée, profite de la trêve que lui accorde le retard de notre prise de conscience pour faire prendre à cette colonisation une forme vivace »[564].

---

[561] Préface du Président Thabo MBEKI à l'ouvrage collectif *Afrique 2025. Quels futurs possibles pour l'Afrique au sud du Sahara ?*, op. cit., pp. 5-6.
[562] MBEMBE (Achille), *Brutalisme*, op. cit., p. 24.
[563] *Ibid.*, p. 14.
[564] DIOP (Cheikh Anta), *Alerte sous les tropiques. Articles 1946-1960. Culture et Développement en Afrique noire*, op. cit., p. 57.

Et si les Africains ne prennent pas conscience du nouveau drame qui les guette, cette colonisation à venir risque d'être plus violente et plus dévastatrice que la précédente. Pour Cheikh Anta DIOP, il est impérieux de dénoncer cette entreprise funeste, et d'envisager toutes les stratégies, les formes de résistance et de riposte possibles pour la faire échouer. Selon cet érudit justement, « dénoncer le colonialisme est un facteur d'éducation politique qui sera toujours nécessaire »[565], dans la mesure où « le colonialisme est comparable à une herbe vivace qui, à mesure que le sol se dessèche, pousse des racines de plus en plus profondes pour garder contact avec les couches nourricières »[566].

Mais le sort de l'Afrique n'est pas irrémédiablement scellé[567]. Heureusement ! Aujourd'hui, « il appartient à ses peuples de rompre l'engrenage, de rejeter la logique de la domination [et] de la dépendance éternelle »[568] vis-à-vis de l'autre, des autres, de l'étranger, de l'ailleurs. Mais, il leur revient aussi, à ces peuples-là, le devoir impérieux et salutaire d'exorciser le continent de ses propres démons, entre autres de « la pratique et l'expérience du pouvoir en tant qu'exercice de démolition des êtres, des choses, des rêves et de la vie dans le contexte africain moderne »[569]. Dans cette trajectoire salutaire, sans aucun doute, du chemin a été parcouru. En effet, « au début de XXIe siècle, l'Afrique était perçue comme un continent sombre, dans une situation désespérée et frappée de toutes sortes de maladies. Elle est pourtant aujourd'hui l'une des régions

[565] *Ibid.*, p. 68.
[566] *Idem.*
[567] MISKÉ (Ahmed-Baba), *La décolonisation de l'Afrique revisitée. La responsabilité de l'Europe*, op. cit., p. 25.
[568] *Idem.*
[569] MBEMBE (Achille), *Brutalisme*, op. cit., p. 16.

qui connaissent la plus forte croissance du globe »[570]. Ce changement de perception, les Africains le doivent à eux-mêmes, ils le doivent à leur changement progressif de regard sur ce qu'ils sont, sur ce qu'ils peuvent et sur ce qu'ils doivent être, faire, avoir. C'est indéniable, l'Afrique d'aujourd'hui suscite de l'espoir chez de nombreux observateurs, à commencer par ceux du continent. Elle éveille de l'enthousiasme des chercheurs, des dirigeants, des investisseurs locaux et étrangers, des chefs d'entreprises et capitaines d'industries d'Afrique et du monde entier[571].

Face aux contraintes de l'économie mondiale et à la toute-puissance actuelle des économies dominantes[572] du Nord, la croissance économique de l'Afrique est plus qu'une simple conséquence du boom des matières premières[573]. C'est aussi, relève Landry SIGNÉ, le résultat de plusieurs réformes politiques, économiques et commerciales qui dessinent

---

570 SIGNÉ (Landry), « Émergence de l'Afrique : croissance, opportunités et défis économiques au XXIe siècle », *Géopolitique Africaine,* Revue trimestrielle, N° 48, Troisième trimestre 2013, *Le nouvel environnement économique africain*, Paris, Septembre 2013, p. 32.

571 *Idem.*

572 Au sens le plus courant, une économie est dominante du fait de la conjonction de sa puissance économique, financière et monétaire. Historiquement, l'économie dominante du capitalisme a été l'Angleterre au 19e siècle et les États-Unis pendant la majeure partie du 20e siècle. Il convient de noter que pour les théories marxistes et hétérodoxes du développement, une économie dominante est une économie du centre qui exploite les économies de la périphérie (les pays en voie de développement en l'occurrence). Évidemment parmi les économies capitalistes du centre, il existe une hiérarchie qui va de la première puissance (les États-Unis d'Amérique) aux autres pays capitalistes développés. Voir BEITONE (Alain), CAZORLA (Antoine), DOLLO (Christine), DRAI (Anne-Mary), *Dictionnaire des sciences économiques*, op. cit, p. 145.

573 SIGNÉ (Landry), « Émergence de l'Afrique : croissance, opportunités et défis économiques au XXIe siècle », *op. cit.*, p. 28.

l'avènement d'un environnement juridique, sociopolitique et d'un cadre institutionnel nouveau, propice à une croissance durable et à la confiance des investisseurs étrangers comme domestiques[574]. À titre d'illustration, d'importantes multinationales, telles que les GAFA[575], IBM, McDonald's, Pepsi, Coca-Cola, Nestlé, Carrefour, Axa, JP Morgan, McKinsey, entre autres, se discutent désormais des parts de marchés avec de grands groupes africains comme Celtel International de Mo IBRAHIM, Heirs Holdings et Transcorp de Tony ONYEMAECHI ELUMELU, ou Dangote Group de Aliko DANGOTE. Les opportunités d'affaires sur le continent semblent infinies et illimitées : dans les industries, l'agroalimentaire, l'agriculture où 60 % des terres arables non encore exploitées dans le monde se situent en Afrique[576] ; dans le domaine de l'informatique, les technologies de l'information et de la communication et les énergies propres, secteurs dans lesquels l'Afrique est le marché connaissant la plus forte croissance au monde[577] ; dans le marché de la consommation, où les estimations de dépenses cumulées des consommateurs africains s'élèvent à 1600 milliards de dollars en 2020, contre 860 milliards en 2008[578].

Les tendances observées actuellement sur le continent attestent des transformations profondes à l'œuvre, tant sur les plans politique, économique, social que culturel, et informent de multiples opportunités qu'offre l'Afrique aux investisseurs et entrepreneurs du monde entier. Cette situation impose à l'Afrique et aux Africains plus de

---

574 *Idem.*

575 Acronyme désignant le groupe de multinationales composé de Google, Apple, Facebook et Amazone.

576 SIGNÉ (Landry), *op. cit.* L'auteur reprend le Rapport McKinsey Global Institute de 2010.

577 *Idem.*

578 *Idem.*

proactivité, d'anticipation stratégique, de perspective et de prospective afin d'inscrire ces opportunités dans un projet de civilisation, seul à même de permettre au continent de tirer le meilleur parti de ces mutations salutaires et de ces transformations heureuses. Toute euphorie exclue évidemment, il est aisé de noter que « sur la scène du monde, l'Afrique est de nouveau l'objet d'une intense activité à la fois psychique et onirique, tout comme au début du XXe siècle. De l'intérieur et dans ses différentes diasporas, le rêve d'une nation debout, puissante et singulière au sein de l'humanité, ou encore d'une civilisation (le mot n'est pas de trop) capable de greffer sur des traditions autochtones millénaires un noyau technologique futuriste, connaît un regain d'intérêt »[579].

Cependant, l'Afrique ne peut valablement tirer profit de ces transformations tant souhaitées sans une véritable décolonisation. Comme le clame Ahmed-Baba MISKÉ, « le devoir de libération reste donc impératif. C'est la tâche des Africains du XXIe siècle. Ses modalités sont bien différentes de celles du siècle passé »[580]. La première pierre à poser dans cette dynamique est celle de la décolonisation de la pensée africaine de l'économie, chantier urgent, chantier vital, mais aussi chantier de maturité qui impose objectivité et réalisme de tout instant. C'est la raison pour laquelle MWANA MALUKU, prudent, attire l'attention des Africains en ces termes : « l'Afro-pessimisme est mort. Vive l'afro-optimisme ! Gare à l'afro-griserie ! »[581]. Il poursuit dans cette trajectoire idéelle en des termes forts éloquents : « l'émergence de l'Afrique est possible, est probable, mais n'est pas encore. Elle ne se fera pas d'elle-

---

579 MBEMBE (Achille), *Brutalisme*, p. 28.

580 MISKÉ (Ahmed-Baba), *La décolonisation de l'Afrique revisitée. La responsabilité de l'Europe*, op. cit., p. 162.

581 MWANA MALUKU, « Le monde vu de Poto-Poto », *Géopolitique Africaine*, op. cit., 07.

même. C'est nous qui la ferons. Pour autant que nous nous y mettions, que nous soyons rigoureux, exigeants à notre propre égard, que nous soyons organisés »[582]. L'auteur considère d'ailleurs que le chemin du « développement », loin d'être totalement balisé, « est encore pierreux et les fleurs ne le tapisseront que si les jardiniers l'arrosent de leur sueur »[583]. Dans les faits, et comme nous l'avons relevé, les inerties, les rigidités, les contraintes dont il faut venir à bout pour libérer les énergies créatrices des peuples et des citoyens africains sont fortes et nombreuses, parce qu'elles « ont leurs racines dans un passé quelquefois lointain et de ce fait ne disparaîtront pas du jour au lendemain »[584]. Mais en tout état de cause, « l'Afrique de demain sera ce que les Africains en feront »[585].

Les peuples africains, dans ce sursaut historique, doivent s'employer à réaliser la démocratie et le progrès économique.

Si cette condition du progrès économique est posée, elle est toutefois fécondée par l'impératif de l'unité du continent. MWANA MALUKU estime à cet effet qu'« il faut surtout que l'Afrique se substitue à la cinquantaine d'Afriques actuelles. Que tout au moins, dans une étape intermédiaire, de puissants ensembles régionaux [se substituent] à la mosaïque actuelle »[586]. Il faudrait encore arriver, comme le propose Achille MBEMBE, à une sorte de « New Deal » continental collectivement négocié par les différents États africains. Un « New Deal » en faveur d'un

---

[582] *Idem.*
[583] *Idem.*
[584] Alioune SALL, « Présentation d'une réflexion collective », *in Afrique 2025. Quels futurs possibles pour l'Afrique au sud du Sahara ?*, op. cit., p. 12.
[585] *Afrique 2025. Quels futurs possibles pour l'Afrique au sud du Sahara ?*, ibid., p. 22.
[586] MWANA MALUKU, *op. cit., p.07.*

projet de civilisation articulée autour d'une vision africaine de l'être et de vie, de la démocratie et du progrès économique, « qui viendrait compléter et clore une fois pour toutes le chapitre de la décolonisation »[587]. C'est pourquoi une initiative comme celle de la création et de la mise en fonctionnement effectif de la Zone de libre-échange continentale africaine (ZLECAF), qui va dans ce sens souhaité, doit être soutenue par tous les Africains, des dirigeants étatiques et d'entreprises, hommes d'affaires, commerçants et agriculteurs, fonctionnaires, agents publics et privés, jusqu'aux citoyens ordinaires.

Comment donc décoloniser la pensée africaine de l'économie ? Telle est la question autour de laquelle s'est conçu, construit et articulé le présent propos, qui soutient l'idée selon laquelle le premier lieu de confrontation entre civilisations, dans lequel l'Afrique se retrouve projetée et piégée malgré elle, est celui de l'épistémè. L'ambition affichée était de démontrer, d'une part, que la contradiction radicale entre, d'un côté, les visions, les concepts économiques et les modèles de développement importés, et de l'autre, la façon africaine de penser et de se représenter le monde, justifie, pour une grande part, l'errance actuelle du continent, d'autre part, que l'essor économique et la réalisation de son projet de civilisation dépendent dès lors, dans un premier temps, de sa capacité à s'émanciper, dans un second temps, de sa détermination à donner de l'amplitude à son épistémè en se dotant d'un modèle économique propre. Et tant qu'on ne pensera pas cette nouvelle Afrique, et avec elle une nouvelle économie africaine, il n'y aura en Afrique ni indépendance, ni liberté, ni progrès, ni perspective. C'est pourquoi Achille MBEMBE pense qu'aujourd'hui « la nécessité de la

[587] MBEMBE (Achille), *Sortir de la grande nuit. Essai sur l'Afrique décolonisée*, op. cit., p. 27.

création d'une plus-value intellectuelle n'a jamais été aussi pressante. Cette plus-value doit être réinvestie dans un projet de transformation radicale du continent »[588]. Pour y parvenir, pense l'auteur, « il faudra à tout prix sortir de la logique de l'humanitarisme, c'est-à-dire de l'urgence et des besoins immédiats qui, jusqu'à présent, a colonisé le débat sur l'Afrique »[589]. Il faut donc prendre le temps pour déconstruire cette Afrique postcoloniale engagée dans une voie sans issue, exorciser cet édifice hanté, accélérer la transformation mentale des nouvelles générations d'africains pour susciter l'élaboration de mythes nouveaux, l'érection d'imaginaires nouveaux, d'utopies de vie, par une pensée vivifiante et transformatrice, qui seule peut faire entendre la voix de l'Afrique, et montrer son visage sous un jour nouveau.

Comme le fait remarquer justement Kasereka KAVWAHIREHI, le système néolibéral dominant rend depuis trop longtemps les Africains inaudibles et invisibles pour faire entendre leurs souffrances sociales, leurs rêves et espoirs, véritables lieux d'ancrage d'une critique radicale de ce système et espaces d'alternative ou d'utopie[590]. Dans cette ère de globalisation néolibérale et d'exclusion, et au moment où « la rationalité néolibérale ne laisse d'autre espace à l'action humaine que celui de l'obéissance et de la soumission aux lois de la science économique »[591], la pensée africaine doit œuvrer à proposer un système radicalement différent, porté par des institutions nouvelles, des cadres organisationnels nouveaux, des normes sociales,

---

588 *Ibid.*, p. 28.
589 *Ibid.*, p. 29.
590 KAVWAHIREHI (Kasereka), *Y'en a marre ! Philosophie & espoir social en Afrique,* op. cit., p. 15.
591 *Idem.*

culturelles, économiques et politiques réinventées, pouvant favoriser la naissance d'une société inclusive et solidaire.

Notre démonstration se trouve d'autant plus justifiée aujourd'hui que depuis HUSSERL, le constat de la crise de la science, de la rationalité et du modèle civilisationnel de l'Occident n'est plus à faire. Michel HENRY, soulignant que ladite crise s'est aggravée dans le monde de notre temps, écrit : « voici devant nous ce qu'on n'a jamais vu : l'explosion scientifique et la ruine de l'homme. Voici la nouvelle barbarie dont il n'est pas sûr cette fois qu'elle puisse être surmontée »[592]. L'Occident en crise et en décadence ne saurait constituer, de ce point de vue, comme le pense Frantz FANON, un modèle à subir, ou du moins à copier, à suivre[593]. Mais la décolonisation elle-même ne saurait être une fin en soi. Elle n'est qu'une étape transitoire, car « la décolonisation sans démocratie est une bien piètre forme de reprise de possession de soi, fictive »[594]. Oui, la décolonisation sans un projet africain de civilisation, c'est-à-dire une vision nouvelle de l'avenir, n'est qu'une utopie, l'odyssée ténébreuse d'une nouvelle errance.

---

592 HENRY (Michel), *La barbarie*, Paris, PUF, 1987, p. 10.

593 FANON (Frantz), *Les Damnés de la terre*, op. cit., pp. 300-304.

594 MBEMBE (Achille), *Sortir de la grande nuit*, op. cit., p.29

# POSTFACE

Dans un livre[595] entretien intitulé *Tout savoir ou presque sur l'économie*, entre John Kenneth Galbraith et Nicole Salinger, au chapitre premier, à la question : qu'est-ce que l'économie, Nicole Salinger fait remarquer que Winston Churchill disait que l'économie dépassait son entendement et qu'il ne comprenait pas grand-chose[596]. John Kenneth en précisant que l'économie n'est pas du tout compliquée et qu'elle n'est qu'un moyen de prévaloir l'intérêt de la collectivité répond : « L'économie n'est rien d'autre que l'étude de l'humanité dans la conduite de sa vie quotidienne. J'ajouterais à cela, écrit-il, l'étude du rôle des organisations, de la manière que les hommes ont de faire appel aux grandes entreprises, aux syndicats et aux gouvernements pour satisfaire leur besoin économique [...]. Et enfin, la manière de faire prévaloir l'intérêt de la collectivité[597] ». Nous retenons ici que l'économie est l'étude de l'humanité dans la conduite de sa vie quotidienne. Pour y arriver, il faut peut-être commencer par signifier que le monde est une pluralité d'humanité parce que la vie quotidienne est particulière de part et d'autre. C'est pour cette raison qu'il met un possessif devant la notion de *vie quotidienne* « sa ». La fin de sa définition nous

---

[595] John Kenneth Galbraith et Nicole Salinger, *Tout savoir ou presque sur l'économie*, Seuil, Paris, 1978.

[596] Nous rappelons cela parce que dans bien des cas, nous nous trouvons dans cette situation où nous considérons que l'économie n'est pas de notre ressort. Or, il s'agit de la gestion de notre vie régulière, de nos rapports d'échange. Nous devrions pouvoir nous y intéresser.

[597] Ibid., p. 11.

intéresse davantage : « prévaloir l'intérêt de la collectivité ». La notion de collectivité étant liée aux territoires, c'est-à-dire à des espaces de vie particuliers où vivent des humains avec des problèmes particuliers qui ne peuvent avoir que des solutions particulières. On peut alors comprendre qu'aucune solution humaine ne peut prétendre résoudre le problème des humanités compte tenu de ses différences, ou plus encore des identités particulières qu'impose la diversité des environnements.

À la fin de la lecture d'un ouvrage comme celui-ci, on est forcément bousculé et interrogé sur le choix à faire entre les acquis de l'éducation dans une société dans laquelle on vit en toute quiétude (quand c'est le cas) malgré les questionnements relatifs aux notions de bonheur, de justice dans les rapports avec soi-même, ou avec autres ou encore avec la nature. Et puisqu'il s'agit de l'économie, c'est-à-dire de la production, de la distribution ou de la conservation, on est tenu de mener une autre réflexion, cette fois sur le rapport qu'on a avec la matière, avec ce qu'on possède. Elles sont nombreuses les réflexions philosophiques, sociologiques, théologiques et bien d'autres disciplines qui se sont penchées sur la question parce qu'il s'agit d'une question humaine qui s'exprime géopolitiquement. Nous le savons tous en effet, comme la philosophie aux premiers siècles, l'économie est désormais en position de force dans la gestion de nos rapports aux autres, mais également tout simplement avec la vie[598]. Il est

[598] « En fait, l'économie politique était un terme employé autrefois, au moment des premières études économiques réalisées en Grande-Bretagne dès 1775 avec La richesse des nations d'Adam Smith […]. Vers la fin du siècle dernier, on commença à parler “d'économie” ; c'était une manière implicite d'exclure le gouvernement de l'étude économique. Le marché était le lieu de rencontre entre producteurs et consommateurs qui se soumettaient à son pouvoir régulateur tout-puissant. Le marché subvenait à tous les besoins importants de la société. Et l'État était relégué à un rôle mineur et quelquefois décrié.

certainement difficile de justifier en raison une telle position dans l'ordre des priorités humaines, mais c'est un fait, l'économie gouverne[599] l'existence du XXIe siècle.

C'est avec une admiration profonde pour Richard que nous nous prêtons à cet exercice. La raison est liée au fait que les combats menés par cet auteur sont fondamentalement inhérents aux déconstructions des acquis qui sommeillent dans la vie des humains et se prolongent en plombant tous les efforts consentis en vue de la libération des peuples. Pour le cas d'espèce, l'auteur cherche à poser une pierre substantielle pour une reconsidération de la personne humaine en tant que Valeur. Et c'est bien évidemment dans cette mouvance qu'il nous propose *Décoloniser la pensée africaine de l'économie*. C'est pour lui le moyen de faire fausse route aux circuits connus, aux convictions régulières, aux croyances absolues

---

L'économie devenait l'économie politique purifiée de la politique ». Ibid., p. 15. On peut comprendre pourquoi aucune économie, dans la mouvance actuelle, ne peut obéir aux règles de vie. On peut même dire que l'économie se moque de toutes les règles et que la seule qui la gouverne c'est l'enrichissement. Le pas que fait Richard Makon est un appel, plus seulement pour les États africains, mais aussi pour tous ces peuples qui souhaitent décliner un visage plus humain dans leurs logiques productives.

[599] « Comprendre le fonctionnement de l'activité économique, c'est comprendre la plus grande partie de notre vie. Pour la plupart, nous passons notre temps tiraillés entre l'argent que nous gagnons et l'argent dont nous avons besoin. L'économie traite de ce que nous gagnons et de ce que nous pouvons acheter. Elle est au cœur de la vie sociale ». Ibid. p. 12. C'est en effet, le moyen qui nous permet d'entrer en relation d'échanges avec les autres. Et si l'échange avec les autres est au cœur de notre vie sociale, elle ne peut être perçue que comme un moyen (méthode) établi sur des valeurs partagées entre des personnes en relation. On peut alors comprendre pourquoi l'économie doit reposer sur le socle de l'existant des acteurs en scène en fonction d'une perception téléologique commune.

vers lesquels nous courrons sans aucune forme de remise en question.

Après ces conformités d'usages que nous avons à rendre à notre ami et frère, il nous faut nous plonger dans le devoir que nous avons à faciliter la compréhension d'un ouvrage solidement construit, mais qui ne se donne pas d'emblée. Remarquons que les choses les plus compliquées à faire ou à comprendre sont en général celles qui nous appellent à d'autres dispositions, celles qui nous interrogent en notre for intérieur. Il s'agit d'une interrogation sur notre manière de voir ou de percevoir le monde. L'auteur réinterroge nos arts de vivre, notre rapport avec nous-mêmes et notre rapport avec le monde à partir de nos systèmes de production et d'échanges. « Notre propos, écrit-il à l'avant-propos, reconnaissant les influences réciproques dans un monde commun et dans une commune humanité, puise dans l'idée d'un désir et d'un besoin de différence ». Il constate en effet que l'économisme construit, affirmé par les civilisations occidentales, et désormais validé pour la majorité des civilisations, va conduire à la guerre[600] de tous contre tous, une autre forme d'état de nature, après le siècle dit des lumières, duquel tous les peuples semblent désormais avoir souscrit : « le monde est donc en permanente situation de guerre, contre lui-même, et la grammaire de la conflictualité, mortel élixir, semble avoir allègrement pris en otage l'espace public mondial ».

Dans une conversation avec l'auteur, nous constations, malheureusement, que même la Chine que nous admirons pour son dynamisme économique n'a pas pu changer de

[600] « À l'origine de cette violence, on retrouve bien l'esprit du capitalisme qui, dès sa naissance, s'approprie les progrès de la science et de la technique afin d'organiser la gestion des ressources de la terre pour le seul profit d'une minorité ». Jean-Marc Ela, *Innovations sociales et renaissance de l'Afrique noire*, L'Harmattan, Paris, 1998, pp. 174-175.

trajectoire. L'économie de la consommation, évaluée par les postulats occidentaux, s'est finalement dressée comme la fin ultime de l'histoire. Et on pourrait croire que la fin de l'histoire est dans la guerre ; qu'après avoir tout consommé, on sera peut-être obligé de se consommer les uns après les autres jusqu'à ce que le plus fort survive. C'est une formule grave que nous choisissons dans le sillage de l'auteur pour nous faire comprendre ce à quoi nous nous engageons, quelle trajectoire nous avons choisie pour notre humanisation. Et la vraie question est celle de savoir s'il n'est pas possible pour nous de faire autrement. Le monde ne peut-il pas s'évaluer à partir d'autres valeurs que la capacité de production et de consommation ? Qu'est-ce que l'humanité, finalement ? N'est-il pas possible de réinventer notre existence autrement que par les chemins tracés et connus ? Il faut repenser nos usages, il faut les réinterroger pour ne maintenir que ce qui subsiste à notre critique propre. Mais comment mettre en place un système critique de pensée à l'issue de laquelle nous obtiendrons notre liberté si nous continuons de penser comme les autres, ou alors s'il nous tient fermement de relever les défis des autres ? À quel moment existons-nous pour nous même ?

Avant de s'attaquer au problème fondamental qui est le sien dans cette réflexion, l'auteur commence par mettre en exergue les notions de colonisation et de décolonisation dont il relève les faits historiques. Ce qui permet au lecteur, qui n'a pas nécessairement étudié cette histoire, de s'y plonger aisément avant d'entrer dans le texte, ou plutôt avant de desceller ce que l'auteur entend par la pensée africaine de l'économie. Au-delà de toutes les polémiques que les universalistes peuvent faire sur ce concept, il faut comprendre la pensée africaine de l'économie comme le sens que les Africains pourraient donner à l'économie. C'est pour écarter ceux-là qui prétendent qu'il n'y a qu'une économie et que l'économie serait universelle avec les données universelles de son évaluation. Ils n'ont pas totalement tort dans la mesure où les particularismes ont été et sont parfois des « excuses » pour justifier une inertie qui plombe la vie des humains de part et d'autre dans le monde. Le droit de l'homme doit permettre à l'homme d'être plus homme et non de demeurer sur des principes ou héritages cultuels incompris et jamais questionnés alors que les humains périssent. En ce sens, nous dirons qu'une culture qui ne permet pas aux humains un contexte de vivre mieux, d'être plus libres et heureux, est une mauvaise culture. C'est la raison pour laquelle nous pouvons prêter l'oreille aux arguments des universalistes. On doit comprendre alors que le particularisme n'est pas un prétexte pour justifier le refus ou l'absence de progrès social.

Après avoir pris cette précaution, il nous convient de relever que l'universel n'existe pas et n'existe nulle part. Ce qui existe, c'est le particulier, puisque c'est un fait. Il existe, on le voit, on peut le matérialiser, on peut le toucher et bien plus, il est dans la vie réelle des gens. Et la question de l'auteur devient claire et distincte : comment est-ce qu'il est possible de penser l'économie pour qu'elle soit plus encline à porter ou à sauvegarder le droit de l'homme et plus précisément, pour ce qui est de cette réflexion, le droit des Africains ? En d'autres termes, quelle économie pour que l'homme africain le soit davantage ? Et pour y arriver, l'auteur interroge les données universelles de l'économie et c'est à partir de ce questionnement qu'il envisage qu'un autre monde, qu'une autre[601] économie en Afrique est possible. L'idée sous-jacente, c'est vraiment de créer des

[601] À la question de savoir s'il y a une science économique distincte pour chaque pays, John Kenneth répond : « Il y a évidemment des différences. Mais j'ai toujours pensé qu'elles tenaient, comme similitudes, au niveau de développement des divers pays ». John Kenneth Galbraith et Nicole Salinger, *Tout savoir ou presque sur l'économie*, Op.cit., p. 17.

conditions de possibilité d'une humanité plus vertueuse. Et c'est pour cette raison que l'auteur voit la pensée comme une action, c'est-à-dire un mouvement et plus encore une réflexion en vue de transformer, d'améliorer l'être. La pensée nous permet de nous décoloniser, c'est-à-dire de dépasser les fondements et les jugements acquis sur lesquels nous résidons avec assurance tandis que d'autres appréhensions du monde sont possibles, alors que notre environnement peut s'évaluer autrement.

Oui en effet, d'autres appréhensions, d'autres manières de voir l'humain, d'autres moyens de gérer la relation qu'il partage avec les siens, avec des tiers ou avec le monde. Lorsque l'auteur s'attaque au concept central de son étude, l'économie, il le décompose à partir de son origine grecque pour avoir oïkonomia, de oïkos (maison) et nomos (lois ou règles). Comme on peut le lire dans cette démarche de compréhension du concept, l'économie est une tentative de faire fonctionner la maison. C'est la science de la vie domestique privée, écrit-il. C'est le moyen par lequel on répartit les biens de sorte que toutes les parties, tous les concernés y trouvent une part qui satisfera leur joie de vivre dans un contexte donné. La cité qui est l'aboutissement de cette maison, comme on le verra chez Aristote, ne pourra s'articuler qu'à partir des règles qui permettent d'inclure les personnes concernées et jamais un moyen de les exclure. Il va donc être difficile, ou tout simplement impossible de construire une économie humaine, qui promeuve la vie, sur un rapport quelquefois, sinon très souvent, conflictuel entre les personnes. Et la question de l'auteur qui vient remettre en question nos usages, « Pour qui et à quelle fin administre-t-on la maison ? Et il poursuit, la réponse est évidente : c'est pour l'homme que l'on gère et/ou administre, c'est-à-dire pour la vie, la valeur suprême, finalité et raison de toute chose ». Rappelons-nous la maxime de Kant : « agis de telle sorte que la maxime de ton action puisse être érigée en règle universelle ». Ceci parce que l'homme c'est le Tout[602] et tout ce qui est fait doit être pour qu'il soit davantage une totalité, une fin ultime.

À partir de ce moment, nous pouvons comprendre la philosophie de ce juriste de formation qui tente, dans cet essai, de questionner nos rapports économiques à partir de données courantes, usuelles ou habituelles. Le plus complexe c'est par exemple qu'il doive utiliser des concepts réguliers pour bâtir sa construction. Ainsi, on verra bien comment il est difficile de réaliser une économie humaine au sens propre du terme, sans commencer par revoir le sens et la place que l'on donne au concept de droit. En effet, chaque fois que nous invoquons la notion de droit, nous perdons de vue qu'elle est un dérivé du devoir, et par conséquent que c'est le devoir qui fait exister le droit. Or dans le contexte qu'étudie l'auteur, c'est tout à fait le contraire et c'est, on peut le dire, « malheureusement » le droit qui fait le devoir. On verra chez les classiques et notamment chez Kant que c'est le devoir qui fait le droit et que si chacun ne faisait que son devoir, personne ne réclamerait son droit, puisque celui-ci deviendrait une évidence. Mais nous le savons bien, la notion de droit sans celle de devoir rend bien complexe la perception humaine de l'économie. Pour les ramener à cette étude qui, en effet, recherche le moyen terme entre la production et la consommation, il est évident que le droit consomme et le devoir produit. Nous pourrons ici re-poser la question de recherche fondamentale de l'auteur : « pour qui et à quelle fin administre-t-on la maison ? ». Si la rareté est ou a été à

---

[602] « L'homme est la mesure de toute chose », disait Héraclite. Cette pensée donne lieu à toutes les assertions, parfois même les plus perverses, mais nous nous en tenons à l'idée selon laquelle l'action humaine, le génie humain doit s'évertuer pour que l'homme soit davantage plus humain, qu'il passe aisément de son humanité vers cette divinité à laquelle il aspire même inconsciemment.

la source des processus de production et même du contrat social, comme on peut le voir chez les théoriciens du contrat social, c'est parce qu'il faut réaliser l'équilibre entre les humains et les ressources disponibles. On ne peut le faire qu'à partir du moment où les parties prenantes, tous, en ce qui les concerne, s'inscrivent dans une dynamique de création et de producteur de richesse.

Pour ce faire, on a bien besoin d'une organisation sociale capable de répondre aux défis du ou des moments, c'est-à-dire aux défis du temps. C'est là, la plus grande limite de l'homme, sa fin. L'expression de sa limite la plus forte, mais aussi de sa grandeur. Comment s'inscrire positivement dans le temps au point de s'en approprier ou finalement d'en être maitre. Nous n'allons pas ici rentrer dans la conception cartésienne qui pourrait être comprise comme le fondement de la philosophie d'un univers bradé par l'humain qui s'est imposé comme le maître et le possesseur. Être maitre ici, c'est bien évidemment être responsable. *Respondere* : se porter garant, répondre de. Dans cette lutte pour la vie, dans ce mouvement pour et vers l'être, l'humain doit être capable de répondre, c'est-à-dire de donner une explication rationnelle de ses choix. Et ceci à deux niveaux : le premier dans la relation qu'il partage avec l'autre ou avec les autres et le second dans l'usage qu'il fait de son environnement. C'est pour cette raison qu'il va falloir que nous mettions au-devant la notion de devoir plutôt que celle du droit. Remarquons que par rapport aux autres peuples du monde, nous avons tendance à nous communautariser, à garder les liens avec les autres. Remarquons également que l'évolution progressive des économies néolibérales tente de rompre ce lien qui, en effet, est contradictoire à ses usages. De ces deux remarques, on peut se rendre compte qu'une économie, dans le sens conduit par l'auteur n'est possible que par une réforme de notre structuration subjective et sociale.

À ceux qui se demandent pourquoi l'Afrique est sous-développée, on peut tout simplement leur répondre que l'Afrique ne peut pas être développée tel que la notion de développement raisonne dans notre entendement. C'est impossible ! L'Afrique possède des leviers humains qu'on ne retrouve plus chez beaucoup de peuples : c'est la communauté. Il faut la percevoir comme le désir de cheminer ensemble dans un combat permanent contre la solitude. Les pourfendeurs de cette thèse disent quelquefois qu'il y a plus d'égoïsme en Afrique que dans les pays occidentaux. Nous leur répondons que dans l'essentiel, encore aujourd'hui, il y a cette volonté d'être ensemble qui est au fondement de nos agirs et qui régit tout ce que nous sommes. Or, l'économie libérale impose la guerre de tous contre tous, des uns contre les autres. C'est la propriété privée accompagnée du droit individuel qui surplombe et méprise le devoir que l'on a envers la communauté ou envers un frère ou une sœur. Ainsi, on peut comprendre que notre structuration sociale, et même personnelle, nous met hors-jeu dans cette dynamique économique. On ne peut être que des consommateurs parce que l'économie libérale est portée par des producteurs qui sont détachés de la communauté. Pour que nous parvenions à rentrer dans les défis mondiaux de l'économie libérale, il nous faut nier notre histoire communautaire, et très vite nous commencerons à être comptés comme des outils scientifiques à calculer et à mesurer. C'est en face de cette logique « in-humaine » que Richard Makon veut nous proposer un chemin prenant appui sur ce que nous portons comme héritage, non encore disparu, de notre relation à nous-mêmes et en rapport avec notre contexte.

*Décoloniser la pensée africaine de l'économie*, c'est forcément imaginer une autre manière d'envisager notre rapport avec la matière, avec ce que nous possédons ou encore avec ce que nous comptons posséder par le moyen de la production. L'auteur n'hésite pas, après avoir développé substantiellement sur les « pourquoi[603] », d'évaluer vers la fin du texte les « comment ». Il se souvient que malgré cette économie dite libérale que nous pratiquons à contre-gré, nous avons tendance à garder le lien avec l'autre. C'est par exemple cette attitude qui consiste à discuter la valeur d'une marchandise avant de se l'approprier. Ainsi avons-nous, dans chaque action d'échanges ou d'achats de biens, une communication qui vise à mettre d'accord le vendeur et l'acheteur, et c'est au terme de cet échange que la valeur de la marchandise est retenue. Ce qui signifie que le prix d'une marchandise, malgré qu'il soit fixé par avance par le vendeur, est finalement celui arrêté par les deux parties qui ont en priorité le souci de se satisfaire. Il y a dans cette démarche toute une valeur anthropologique qui vise à garder le lien avec l'autre. C'est une forme d'agir communicationnel en action dans un contexte d'échange où l'économie libérale ne nous prescrit que la rigueur. Toute marchandise n'ayant que sa valeur arrêtée. En Afrique, il y a débat. On échange parce que l'idée première c'est de satisfaire l'autre. On va par exemple entendre l'acheteur dire à l'issu et surtout lorsqu'il n'y a pas eu accord : « tu m'as refusé… », ou le vendeur dire : « tu n'es même pas à mon prix d'achat, fais encore un effort et je te donnerai la marchandise ». Il faut dire ici qu'au-delà du fait que l'acte de vente consiste à se faire un bénéfice, en Afrique il est surtout un moment de

[603] « L'affranchissement de l'Afrique ne peut être envisagé sans une puissante fondation identitaire, exprimant ses fondements anthropologiques, sociologiques, culturels, historiques, philosophiques, économiques et politiques entre autres » et ceci passe par, écrit-il, dans l'épilogue quelque lignes avant « une réappropriation par l'Afrique de son droit de penser, de se penser et de penser l'autre ; de s'inventer, de se projeter et de s'affirmer ».

coopération et d'entente parce que toutes les parties doivent être satisfaites à l'issue de l'échange.

C'est à partir de cet agir communicationnel que Richard Makon pose le principe d'une pensée africaine de l'économie. Il considère que la relation est le moteur de l'existence en Afrique. Même si on peut remarquer que cet aspect de l'existence s'effrite progressivement, mais on peut bien se rendre compte que lorsqu'un investisseur africain prend son crédit à la banque pour un investissement donné, il sait intérieurement qu'il y a une part qui ne sera pas investie, mais distribuée aux autres (sa famille et son entourage). Si ce n'est avant l'investissement, ce sera à la fin[604]. Il rassemblera les siens pour se réjouir avec eux. Ceci parce que l'essentiel ce n'est pas l'investissement, c'est la relation qu'il a avec les autres qui doit être entretenue. Il ne dira pas au banquier qu'il y a une part réservée pour cela, mais il se débrouillera pour que cette part ne manque pas. C'est consubstantiel à sa personne même si quelquefois il ne trouvera pas des mots[605] justes pour vous l'expliquer. La

---

[604] Il s'agit d'une conception du monde qui lie l'homme à la nature en ce sens que chaque action posée doit imposer une reconnaissance envers celle-ci. L'investissement n'est complet que si le concerné se souvient que c'est la nature qui lui donne et qu'il n'aurait rien si elle ne lui était pas favorable. Le geste posé à l'endroit des siens ou des tiers consacre cette reconnaissance et ce n'est qu'à ce moment que l'investisseur peut espérer obtenir justice, c'est-à-dire une rentabilité proportionnelle à ce qui a été laissé gracieusement. C'est aussi un exercice (devoir) qui signifie le détachement, l'investisseur en rapport avec ce qu'il possède. Plus on est détaché, plus on est élevé.

[605] Ceci parce que l'économie libérale, même si elle prévoit les imprévus dans les procédés d'investissements, ne les envisage que dans ce qui est objectif et rationnel. Or, il y a une part de l'existence de l'être qui échappe à ce qui est comptable ou calculable dont il faut prendre en compte. C'est la gratuité. Il faut la comprendre comme une sorte de magnanimité qui permet à l'humain de considérer les autres comme une richesse au sens humain du terme.

vie en Afrique est relation, elle est communion et partage avec les autres.

C'est par cette conception de l'être que Richard Makon, dans ce qu'on peut considérer comme des perspectives d'avenir pour une économie africaine, pose la sacralité du vivant comme premier moteur de l'existence en Afrique. L'homme, nous dit-il, est au centre et toute valeur économique et son devoir c'est de maintenir et de sauvegarder cette centralité de l'humain. Ce qui signifie qu'on n'est jamais « riche[606] » tout seul, on est riche avec les autres. Outre cette communion avec les autres, il y a également la communion avec la nature, avec l'environnement. La vie est alors la relation au *Tout*. En d'autres termes, tous les *Un* crée des conditions pour que le *Tout* garde son équilibre et sa cohésion. C'est une belle construction de l'idée de politique que l'on retrouve chez les Égyptiens ou plus proche de nous, chez Aristote. La politique doit retrouver les vertus du cosmos, elle doit tendre vers l'idéal perfectible cosmologique. L'action ne vise plus à consommer sans limites, mais à construire avec intelligence la perfection déjà inscrite dans le cosmos. C'est l'homme qui s'associe à lui pour lui redonner toutes ses valeurs, pour créer les conditions d'une unité encore plus parfaite[607]. Il s'agit donc d'une économie à construire pour l'homme dans un contexte naturel à sauvegarder et à préserver parce qu'il y a un lien fort entre l'être et le cosmos. Tempels, dans ce qu'il a considéré comme *La philosophie Bantu*, parle de l'Africain comme un être d'énergie et de force, un être dont le dessein ne peut s'envisager que dans la recherche d'être plus. C'est l'homme en quête de son humanité parce que l'humanité

---

[606] Désigne tout ce qu'on peut avoir ou posséder.

[607] « Cette économie est la science de la préservation et de la production, dans la mesure où on préserve ce que l'on a, et on produit ce qu'on n'a pas ».

n'est rien d'autre qu'une recherche constante d'un soi toujours plus grand que soi. « C'est pour l'homme, écrit l'auteur, que l'on gère et/ou administre, c'est-à-dire pour la vie, valeur suprême, finalité et raison de toute chose ».

L'homme de l'interrogation sur la croisée des chemins, sur le leadership et plus récemment, le questionnement sur la révolution sud-africaine continue d'évaluer les forces qui peuvent permettre à son continent d'inverser le rapport de force dans ce contexte mondial avec une Afrique prise en « pitié », vient de mener une démarche anthropologique, sociologique et philosophique sur l'économie. Comment l'Afrique peut-elle retrouver son sens de la relation dans un contexte conduit par le gain à tout prix et à tous les prix ? Qu'est-ce que l'Afrique peut apporter au monde pour ralentir les formes de violences de l'économie libérale ? À partir d'une vision substantielle de la relation dans la coexistence, Richard Makon pense qu'il faut que l'intellectuel africain se réapproprie ses valeurs initiales desquelles il pourra redonner sens à son existence et réduire la dépendance épistémique qui préside avec force toutes les réflexions menées depuis plusieurs décennies. L'auteur nous dit en substance : il est temps que l'Africain vive pour lui, par lui et avec les moyens qui sont les siens.

**Dr Jacques KOUKAM**

# BIBLIOGRAPHIE

## Ouvrages

1. *Afrique 2025. Quels futurs possibles pour l'Afrique au sud du Sahara ?*, Futurs africains, Karthala, 2003.
2. ALFÖLDI (Francis), *évaluer en protection de l'enfance*, Dunod, Paris, 3e édition, 2010.
3. ALLAMEL-RAFFIN (C.), GANGLOFF (J.-L.), *La raison et le réel*, Paris, Ellipses, 2007.
4. BACHELARD (Gaston), *La formation de l'esprit scientifique*, Bibliothèque des textes philosophiques, Librairie J. Vrin, édition de mai 2000.
5. BALZAC (Honoré de), *Le feuilleton*, XI, Œuvre div., Tome I.
6. BÉJI (Hélé), *Désenchantement national : Essai sur la décolonisation*, ELYZAD, 2013.
7. BERARD (Victor), *La Résurrection d'Homère. Au temps des héros*, édition Bernard Grasset, 1930.
8. BERSTEIN (Serge), MILZA (Pierre), *L'Allemagne de 1870 à nos jours*, 7e édition, Paris, Armand Colin, 2010.
9. BÜRGENMEIER (Beat), *Plaidoyer pour une économie sociale*, Paris, Economica, Collection Économie Contemporaine, 1990.
10. BÜRGENMEIER (Beat), *Économie du développement durable*, Bruxelles, de Boeck, Collection Questions d'économie et de gestion, 2004.

11. CHATTERJEE (Partha), *The Nation and Its Fragments*, Princeton University Press, Princeton, 1993.

12. COHEN (Daniel), *Richesse du monde, pauvretés des nations*, Flammarion, 1997.

13. COMPTE SPONVILLE (André), *Présentations de la philosophie*, Albin Michel, Livre de poche, Paris, 2002.

14. D'ALMEIDA-TOPOR (Hélène), *Naissance des États Africains*, XXe Siècle, Casterman – Giunti Gruppo Editoriale, Firenze, 1996.

15. D'ALMEIDA-TOPOR (Hélène), *L'Afrique du 20e siècle à nos jours*, 4e édition, Armand Colin, 2013.

16. DEBARBIEUX, *Les dix commandements contre la violence à l'école*, Odile Jacob, Paris, 2008.

17. DENIS (Henri), *La formation de la science économique*, Paris, Presses universitaires de France, Collection Thémis, 1973.

18. DIAGNE (Souleymane Bachir), AMSELLE (Jean-Loup), *En quête d'Afrique(s). Universalisme et pensée décoloniale*, Paris, Éditions Albin Michel, collection « Itinéraires du savoir », 2018.

19. DIOP (Cheikh Anta), *L'unité culturelle de l'Afrique Noire*, Présence Africaine, Seconde édition, 1982.

20. DIOP (Cheikh Anta), *Alerte sous les tropiques. Articles 1946-1960. Culture et Développement en Afrique noire*, Présence Africaine, 1990.

21. DROZ (Bernard), *Histoire de la décolonisation au XXe Siècle*, Points, Paris, 2009.

22. DUBOUCHET (Paul), *Pour une sémiotique du droit international. Essai sur le fondement du droit, Ouverture Philosophique*, L'Harmattan, Paris, 2007.

23. DUBRESSON (Alain), MARCHAL (Jean-Yves), RAISON (Jean-Pierre), *Les Afriques au Sud du Sahara*, Reclus, Paris-Berlin, 1994.

24. EBOUSSI BOULAGA (Fabien), *L'affaire de la philosophie africaine*, Terroirs/Karthala, Paris, 2011.

25. ELA (Jean-Marc), *Recherche scientifique et crise de la rationalité*, Livre I, L'Harmattan, 2007.

26. ESSOUSSE (Erik), *Valeurs fondamentales parfaites et développement de l'Afrique. De la Renaissance aux Lumières africaines*, L'Harmattan, 2018.

27. FANON (Frantz), *Les Damnés de la terre*, La Découverte, Paris, 2003.

28. GASSAMA (Makhily) (dir.), *50 ans après, quelle indépendance pour l'Afrique ?*, Philippe Rey, Paris, 2010.

29. GRANGER (Gilles-Gaston), *La Science et les sciences*, Paris, PUF, 1995.

30. GUHA (Ranajit), *Dominance Without Hegemony*, Harvard University Press, Cambridge, 1998.

31. HEIDEGGER (Martin), *Concepts fondamentaux*, coll. « Bibliothèque de philosophie », Gallimard, Paris, 1941 – 1981.

32. HENRY (Michel), *La barbarie*, Paris, PUF, 1987.

33. HIRSCHMAN (Albert O.), *L'économie comme science morale et politique*, Hautes Études, Gallimard/Le Seuil, éditions du Seuil, mai 1984.

34. HOCQ (Christian), *Dictionnaire d'Histoire Politique du XXe siècle*, Ellipses, Paris 2005.

35. KAVWAHIREHI (Kasereka), *Y'en a marre ! Philosophie & espoir social en Afrique*, Karthala, Paris, 2018.

36. LÉVI-STRAUSS (Lévi), *L'identité*, Séminaire interdisciplinaire dirigé par Claude Lévi-Strauss Professeur au Collège de France de 1974 – 1975, Quadrige/PUF, Juin 1987

37. JAMIN (Christophe), *L'efficacité au service de la justice*, Rapport de synthèse des Entretiens du Palais, Vie Judiciaire, *Gazette du Palais*, 2007.

38. MAKON (Richard), *Le Cameroun à la croisée des chemins vers le développement. Les trois défis de l'émergence*, L'Harmattan, Yaoundé, 2017.

39. MAKON (Richard), *Le leadership en Afrique. Essai de philosophie publique sur le développement*, L'Harmattan, Yaoundé, 2018.

40. MATALON (Benjamin), *La construction de la science. De l'épistémologie à la sociologie de la connaissance*, Paris, Delachaux et Niestlé, 1996.

41. MBEMBE (Achille), *De la postcolonie. Essai sur l'imagination politique dans l'Afrique contemporaine*, seconde édition, Karthala, 2000.

42. MBEMBE (Achille), *Sortir de la grande nuit. Essai sur l'Afrique décolonisée*, La Découverte/Poche, édition de 2013.

43. MBEMBE (Achille), *Politiques de l'inimitié*, La Découverte /Poche, édition de 2018.

44. MBEMBE (Achille), *Brutalisme*, La Découverte/ Poche, édition de 2020.

45. MISKÉ (Ahmed-Baba), *La décolonisation de l'Afrique revisitée. La responsabilité de l'Europe*, Karthala, 2014.

46. MONGO BETI, *Main basse sur le Cameroun. Autopsie d'une décolonisation*, La Découverte/Poche, édition de 2010.

47. MORIN (Edgar), *Introduction à la pensée complexe*, Points, Collection Points Essais, Éditions du Seuil, avril 2005.

48. NGOA TABI (Henri), (dir.), *Document de Stratégie pour la Croissance et l'Emploi (DSCE) au Cameroun. Comment atteindre une croissance à deux chiffres ?*, Collection Intelligentsia, Afrédit, 2017.

49. NGUGI WA THIONG'O, *Decolonising the Mind: The Politics of Language in African Literature, Studies in African Literature*, Oxford, James Currey, 1986.

50. NYAMBAL (Eugène), *Afrique : les voies de la prospérité. Dix clés pour sortir de la pauvreté*, L'Harmattan, 2e édition, 2008.

51. PONDI (Jean-Emmanuel), (dir.), *Immigration et diaspora. Un regard africain*, Maisonneuve & Larose/Afrédit, 2007.

52. ROMANO (Santi), *L'ordre juridique*, Traduction française de l'*Ordinamento guiridico* par Lucien FRANÇOIS et Pierre GOTHOT, 2e édition, Paris, Dalloz, 2002.

53. SAPIR (Jacques), *Les trous noirs de la science économique : Essai sur l'impossibilité de penser le temps et l'argent*, Seuil, Paris, 03 octobre 2003.

54. SARR (Felwine), *Afrotopia*, Editions Philippe Rey, 2016.

55. SARTRE (Jean-Paul), *Situations III*, 13e édition, Gallimard, 1949.

56. SOROKIN (Pitirim A.), *Fads and foibles in modern sociology and related sciences*, Gateway, 1965.

57. SURET-CANALE (Jean), *Afrique Noire, Géographie, Civilisations, Histoire*, Éditions Sociales, 1961.

58. TABI MANGA (Jean), *Des voix... à la voie du temps. Variations sur le Renaissance, l'Emergence et la Modernité africaines*, Editions SOPECAM, Yaoundé, 2014.

59. TJADE EONE (Michel), *L'Afrique dans le temps global de la communication. Du local au planétaire*, édition Clé, Yaoundé, 2012.

60. TUSSEAU (Guillaume) (dir.), *Les notions juridiques*, Economica, 2009.

61. WADE (Abdoulaye), *Un destin pour l'Afrique*, Michel Lafon, 2005.

62. WINOCK (Michel), *Le siècle des intellectuels*, Éditions du Seuil, 1997, 1999.

63. WOLFF (Jacques), *Les pensées économiques*, Paris, Economica, 1993.

64. ZIEGLER (Jean), *Main basse sur l'Afrique*, Points, Collection Points Essais, Paris, 28 avril 2016.

**Articles**

1. ADOTEVI (Stanislas Spero), « L'avenir du futur africain, GASSAMA (Makhily) (dir.), *50 ans après, quelle indépendance pour l'Afrique ?*, Philippe Rey, Paris, 2010.

2. BAUJARD (Antoinette), « De l'économie du bien-être à la théorie de l'équité », *Les Cahiers français :*

*documents d'actualité*, La Documentation Française, La pensée économique contemporaine (363), 2011.

3. BENOIST (Jean-Marie), « Facettes de l'identité », LÉVI-STRAUSS (Claude), *L'identité*, Séminaire interdisciplinaire dirigé par Claude Lévi-Strauss Professeur au Collège de France de 1974 – 1975, Quadrige/PUF, Juin 1987.
4. DIAGNE (Souleymane Bachir), « L'avenir de la tradition », DIOP (Momar-Coumba) (éd.), *Sénégal. Trajectoires d'un État*, Dakar/Codesria, 1992.
5. DIAGNE (Souleymane Bachir) & ELARA BERTHO, « Un universel comme horizon. Entretien. Esquisses | Les Afriques dans le monde », 2019, *in* https://elam.hypotheses.org/2140.
6. DIOUF (Mamadou), « Le clientélisme, la "technocratie" et après ? », DIOP (Momar-Coumba) (éd.), *Sénégal. Trajectoires d'un État*, Dakar/Codesria, 1992.
7. DOMENACH (Jean-Marie), « Crise du développement, crise de rationalité », in MENDÈS (Candido) (dir.), *Le Mythe du développement*, Paris, Seuil, 1977.
8. FRYDMAN (Benoit), « Les nouveaux rapports entre droit et économie : trois hypothèses concurrentes », KIRAT (Thierry) et SERVERIN (Evelyne), (dir.), *Le droit dans l'action économique*, Paris, CNRS éditions, 2000.
9. JORGE (Manuel), « Angola : crise politique et crise sociale (À la recherche de la paix nécessaire) », *Pouvoir et paix civile en Afrique*, Cahiers Présence Africaine, Présence Africaine Éditions, Paris – Dakar, 1996.
10. KAMTO (Maurice), « L'utilité des savoirs scientifiques », propos d'ouverture de la « Journée de réflexion en hommage au Professeur Roger Gabriel

NLEP », 28 avril 2004, ESSTIC, *in Revue africaine des sciences juridiques*, Université de Yaoundé II, Vol 4, N° 1, 2007.

11. MWANA MALUKU, « Le monde vu de Poto-Poto », *Géopolitique Africaine*, Revue trimestrielle, N° 48, troisième trimestre 2013, *Le nouvel environnement économique africain*, Paris, septembre 2013.

12. PELISSIER (Paul), « Une Afrique plurielle », in *Cahiers d'outre-mer*, N° 192 – 48e année, Togo – Bénin, Octobre-décembre 1995.

13. QUINTANE (Guy), « Les notions juridiques et les outils langagiers de la science du droit » in TUSSEAU (Guillaume) (dir.), *Les notions juridiques*, Economica, 2009.

14. SIGNÉ (Landry), « Émergence de l'Afrique : croissance, opportunités et défis économiques au XXIe siècle », *Géopolitique Africaine,* Revue trimestrielle, N° 48, Troisième trimestre 2013, *Le nouvel environnement économique africain*, Paris, Septembre 2013.

15. BACHIR DIAGNE (Souleymane), « La philosophie n'a ni commencement ni terre d'élection », in *Philosophie magazine*, « Qu'est-ce que la philosophie », n° 100, mai 2016.

16. STECK (Jean-Fabien), REVEYAZ (Nathalie), « Afrique(s) : dynamiques régionales. Cadrage et problématiques générales », *Géoconfluences*, ENS – Lyon, 2017.

17. TABUTIN (Dominique), « La croissance démographique de l'Afrique. Bilan et perspectives », *Revue Tiers Monde*, 1991/125/pp. 159-173.

18. THIAM (Iba Der), « Démocratie, multipartisme (majorité/opposition) et paix politique », *Pouvoir et paix civile en Afrique*, Cahiers Présence Africaine, Présence Africaine Éditions, Paris – Dakar, 1996.

19. TOBNER (Odile), « Les intellectuels français et l'Afrique. II- Dans le champ idéologique : Sartre », MONGO BETI (dir.), *Peuples Noirs – Peuples Africains*, Revue bimestrielle, éditions des Peuples Noirs, Paris, L'Harmattan, N° 14 mars – avril, 2e trimestre 1980.

20. YAMAWAKI (Naoshi), « Pour une philosophie publique et transnationale », *Diogène*, 2009/3 (n° 227).

**Dictionnaires et Lexiques**

1. ARNAUD (André-Jean) (dir.), *Dictionnaire encyclopédique de théorie et de sociologie*, L.G.D.J., Paris, 1993.

2. BEITONE (Alain), CAZORLA (Antoine), DOLLO (Christine), DRAI (Anne-Mary), *Dictionnaire des sciences économiques*, Paris, Armand Colin/Vuef, 2001, p. 145.

3. BERNARD (Yves), COLLI (Jean-Claude), *Vocabulaire économique et financier, anglais, allemand et espagnol*, 7e édition, Paris, Édition du Seuil, avril 1998.

4. BRUNO (Alain), ELLEBOODE (Christian), (dir.), *Dictionnaire d'économie et de sciences sociales*, 2e édition mise à jour et augmentée, Ellipses, Paris, 2010.

5. CAPUL (Jean-Yves), GARNIER (Olivier), *Dictionnaire d'économie et de sciences sociales*, Nouvelle édition augmentée, Paris, Hatier, 2015.

6. CORDELLIER (Serge), *Le Dictionnaire historique et géopolitique du 20e siècle*, 3e édition augmentée, La Découverte, Paris, 2005.

7. *Dictionnaire alphabétique et analogique de la langue française LE ROBERT*, Société du Nouveau Littré, (S.N.L.), Paris, 1973.

8. HERMET (Guy), BADIE (Bertrand), BIRNBAUM (Pierre), BRAUD (Philippe), *Dictionnaire de la science politique et des institutions politiques*, 8e édition, Armand Colin, Paris, 2015.

9. MOURRE (Michel), *Le Petit Mourre. Dictionnaire d'Histoire Universelle*, édition poche, Bordas, Paris, 2006.

10. ROSIÈRE (Stéphane) (dir.), *Dictionnaire de l'espace politique. Géographie politique et géopolitique*, Armand Colin, Paris, 2008.

11. TISSIER (Yves), *Le vocabulaire de l'Histoire*, Librairie Vuibert, Paris, 2005.

12. *Grand Larousse Universel*, Grand dictionnaire encyclopédique Larousse, Tome 8, Hardes à Journal, Librairie Larousse, 1991.

13. *Le Petit Robert de la Langue française*, Nouvelle Édition du Petit Robert de Paul Robert, Texte remanié et amplifié sous la direction de Josette REY-DEBOVE et Alain REY, Nouvelle édition millésime, 2015.

**Autres**

1- *L'identité culturelle camerounaise*, Actes du Colloque organisé par le ministère de l'Information et de la Culture, 2e édition de la Semaine culturelle nationale, 13 - 20 mai 1985, éditions ABC, 3e trimestre 1985.

2- MAKON MA MBEB (Albert Richard), *La sécurisation de l'investissement direct étranger en droit camerounais*, Thèse de Doctorat/PhD. En Droit Public, Faculté des Sciences Juridiques et Politiques, Université de Yaoundé II, 10 décembre 2016.

# TABLE DES MATIÈRES

## Structures éditoriales du groupe L'Harmattan


**L'Harmattan Italie**
Via degli Artisti, 15
10124 Torino
harmattan.italia@gmail.com

**L'Harmattan Hongrie**
Kossuth l. u. 14-16.
1053 Budapest
harmattan@harmattan.hu

**L'Harmattan Sénégal**
10 VDN en face Mermoz
BP 45034 Dakar-Fann
senharmattan@gmail.com

**L'Harmattan Cameroun**
TSINGA/FECAFOOT
BP 11486 Yaoundé
inkoukam@gmail.com

**L'Harmattan Burkina Faso**
Achille Somé – tengnule@hotmail.fr

**L'Harmattan Guinée**
Almamya, rue KA 028 OKB Agency
BP 3470 Conakry
harmattanguinee@yahoo.fr

**L'Harmattan RDC**
185, avenue Nyangwe
Commune de Lingwala – Kinshasa
matangilamusadila@yahoo.fr

**L'Harmattan Congo**
67, boulevard Denis-Sassou-N'Guesso
BP 2874 Brazzaville
harmattan.congo@yahoo.fr

**L'Harmattan Mali**
ACI 2000 - Immeuble Mgr Jean Marie Cisse
Bureau 10
BP 145 Bamako-Mali
mali@harmattan.fr

**L'Harmattan Togo**
Djidjole – Lomé
Maison Amela
face EPP BATOME
ddamela@aol.com

**L'Harmattan Côte d'Ivoire**
Résidence Karl – Cité des Arts
Abidjan-Cocody
03 BP 1588 Abidjan
espace_harmattan.ci@hotmail.fr


## Nos librairies en France


**Librairie internationale**
16, rue des Écoles
75005 Paris
librairie.internationale@harmattan.fr
01 40 46 79 11
www.librairieharmattan.com

**Librairie des savoirs**
21, rue des Écoles
75005 Paris
librairie.sh@harmattan.fr
01 46 34 13 71
www.librairieharmattansh.com

**Librairie Le Lucernaire**
53, rue Notre-Dame-des-Champs
75006 Paris
librairie@lucernaire.fr
01 42 22 67 13